目　录

职业教育示范校课程改革新教材
职业院校、技工院校教学用书

数 学

基础模块 下册

主 编 赵 艳 纪 蓓 张宏焘

副主编 张 欢

中国出版集团公司
现代教育出版社

图书在版编目(CIP)数据

数学：基础模块. 下册 / 赵艳，纪蓓，张宏焘主编.
—北京：现代教育出版社，2016.8
ISBN 978-7-5106-2473-5

Ⅰ.①数… Ⅱ.①赵… ②纪… ③张… Ⅲ.①数学课-中等专业学校-教材 Ⅳ.①G634.601

中国版本图书馆 CIP 数据核字(2016)第 197479 号

数学 基础模块 下册

主　　编 赵　艳　纪　蓓　张宏焘
责任编辑 王　静　李　颖
封面设计 宣是设计
装帧设计 书香雅苑
印　　刷 三河市文阁印刷有限公司
出版发行 现代教育出版社　邮编　100011
地　　址 北京市朝阳区安华里 504 号 E 座
电　　话 010-64244729(编辑部)　010-64256130(发行部)
传　　真 010-64251256
开　　本 787mm×1092mm　1/16
印　　张 9
字　　数 201 千字
版　　次 2016 年 8 月第 1 版
印　　次 2016 年 8 月第 1 次印刷
书　　号 ISBN 978-7-5106-2473-5
定　　价 22.50 元

前 言

为了贯彻《国务院大力推进教育改革与发展的决定》的精神，体现“以服务为宗旨，以就业为导向”的职业教育办学指导思想，我们根据教育部最新颁布的《中等职业学校数学教学大纲》的要求，组织有关人员编写了中等职业学校文化基础课教材——《数学》。

本教材的编写体现了以下指导思想：

1. 注重基础性。考虑到中专生基础薄弱、入学水平较低的情况，教材在第一章中增加了初中阶段的重要数学知识的讲解，实现了与初中教学内容的衔接，为学生后继学习奠定了必要的基础。

2. 体现层次性。教材根据学生水平参差不齐的情况，在编排练习时做到与教学内容相匹配，习题难度分出不同层次，首先注重每节课后基础练习题中基础知识和基本技能的掌握，同时又考虑到部分学生今后进一步发展的需要，适当精选了一些有层次的提升练习题和带“*”的内容和练习，可满足不同专业学生的需要，同时也能满足学生个性化的需求。

3. 加强实用性。教材根据职业学校的培养目标及学生的特点，对部分章节的内容作了适当的删减，如弱化了定理、公式的推导过程，删减了逻辑用语、指数与对数的证明等，突出了对学生实际应用能力的培养。在结构安排上，强调由浅入深、循序渐进，注重理论与实际相联系，通过引用生产、生活中的案例，将抽象的理论知识具体化，使学生能比较深刻地体会数学的内容。

本教材由赵艳、纪蓓、张宏焘任主编，负责本教材的大纲拟定及组织编写；张欢任副主编。具体编写分工为：第一章由赵艳编写，第二章由纪蓓编写，第三章由张宏焘编写，第四章、第五章由张欢编写。

由于编写时间仓促，编写水平有限，教材难免有不妥之处，欢迎从事职业教育的专家、教师和读者批评指正。

编　者

2016 年 6 月

第一章

向　量

学习目标

1. 理解平面向量和向量相等的含义，理解向量的几何表示.

2. 掌握向量的线性运算及其性质，并理解其几何意义.

3. 理解平面向量的基本定理及坐标表示，会用坐标表示平面向量的加、减与数乘运算.

4. 理解平面向量数量积的含义及坐标表达式，会用数量积判断两个平面向量的垂直关系和平行关系.

5. 掌握线段中点坐标公式和两点间距离公式.

数学博客

向量的由来

向量是一种带几何性质的量，除零向量外，总可以画出箭头表示方向，线段的长表示大小. 1806 年，瑞士人阿尔冈以 $\overline{AB}$ 表示一个有向线段或向量(vectors). 麦比乌斯(1827 年)以 $\overrightarrow{AB}$ 表示一起点为 A 而终点为 B 的向量，这一用法为相当多的数学家所接受. 与他同时代的哈密顿、吉布斯等人则以一小写希腊字母表示向量，现今还有这用法. 1896 年，沃依洛特区分了“极向量”及“轴向量”；1912 年，兰格文以 $\vec{a}$ 表示极向量，其后于字母上加箭头以表示向量的方法逐渐流行，尤其在手写稿中. 为了方便印刷，也常以粗黑体小写字母 $\boldsymbol{a}$，$\boldsymbol{b}$ 等表示向量. 这两种符号一直沿用至今.

第一节 向量的基本概念

一架飞机由北京起飞，飞到广州，除了要确定两座城市间的距离，飞行的方向也必须确定，也就是说要确定位移.

类似位移、力等**既有大小又有方向的量称为向量**.

通常用黑体 $\boldsymbol{a},\boldsymbol{b},\boldsymbol{c},\cdots$表示向量，手写时可写成$\vec{a},\vec{b},\vec{c},\cdots$.

从上面的例子来看，飞机在各城市间的位移是用带箭头的线段表示的，这些线段的箭头指向飞机的位移方向，线段的长度表示位移的大小. 因此，我们通常用带箭头的线段来表示向量. 箭头的指向就是向量的方向，线段的长度表示向量的大小.

例如 如图 1－1 所示，向量 $\boldsymbol{a}$ 可以用有向线段 $\overrightarrow{AB}$ 表示：$\overrightarrow{AB}$ 的长度表示 $\boldsymbol{a}$ 的大小，$\overrightarrow{AB}$ 箭头的指向表示 $\boldsymbol{a}$ 的方向.

向量只有大小和方向两个要素，因此**大小相等且方向相同的向量叫做相等的向量**. 即长度相等并且方向相同的有向线段表示的向量是相等的向量.

例如 图 1－2 把有向线段 $\overrightarrow{AB}$ 经过平移得到 $\overrightarrow{CD}$，再继续平移得到 $\overrightarrow{EF}$.

它们的长度相等且方向相同，因此有 $\overrightarrow{AB}=\overrightarrow{CD}=\overrightarrow{EF}$.

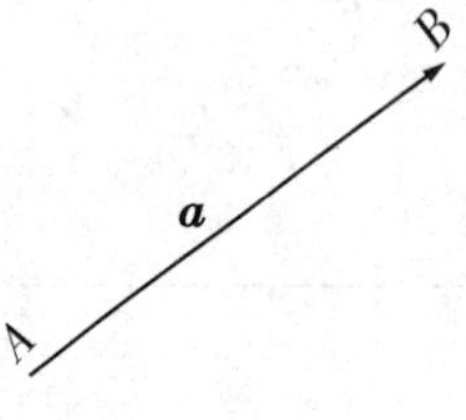

图 1－1

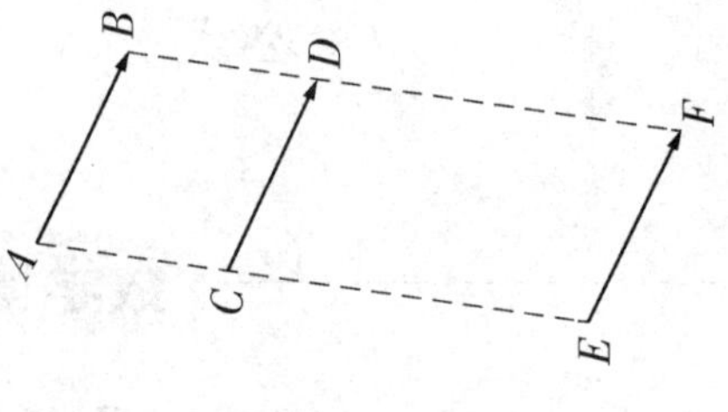

图 1－2

我们把向量 $\boldsymbol{a}$ 的大小也称为长度，向量的长度记作$|\boldsymbol{a}|$，读作 $\boldsymbol{a}$ 的模.

长度为零的向量叫做零向量，记作 $\mathbf{0}$. 它的方向不确定，可以用起点和终点重合的有向线段表示，即 $\overrightarrow{AA}$ 或 $\overrightarrow{BB}$ 等表示.

长度为 1 的向量叫**单位向量**.

与非零向量 $\boldsymbol{a}$ 长度相等且方向相反的向量称为 $\boldsymbol{a}$ 的**负向量**（或反向量），记作 $-\boldsymbol{a}$.

$\mathbf{0}$ 的负向量规定为 $\mathbf{0}$.

如图 1－3 所示，因为向量 $\overrightarrow{AB}$ 和 $\overrightarrow{BA}$ 的长度相等且方向相反，所以 $-\overrightarrow{AB}=\overrightarrow{BA}$.

方向相同或相反的非零向量叫做**平行向量**.

如图 1－4 所示，向量 $\boldsymbol{a},\boldsymbol{b},\boldsymbol{c}$ 是一组平行向量.

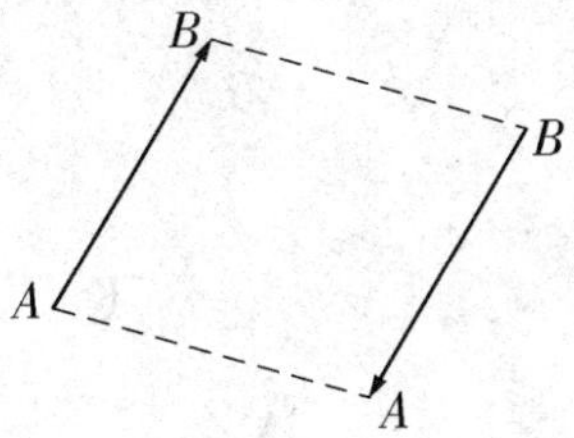

图 1－3

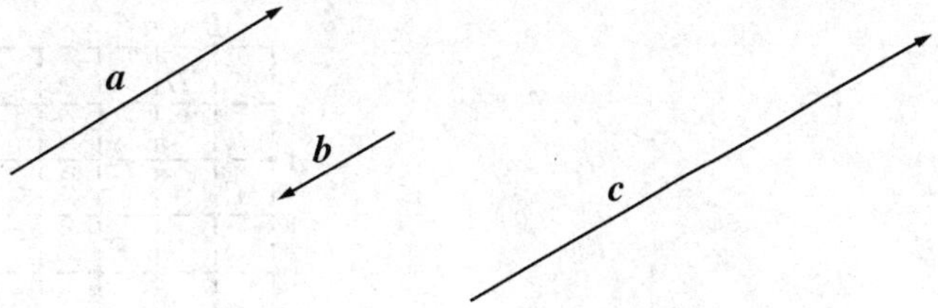

图 1－4

如图 1－5 所示，用同一起点的有向线段表示后，这些线段在同一直线上．一般地，任何一组平行向量都可以移动到同一条直线上，因此，平行向量也叫做**共线向量**．

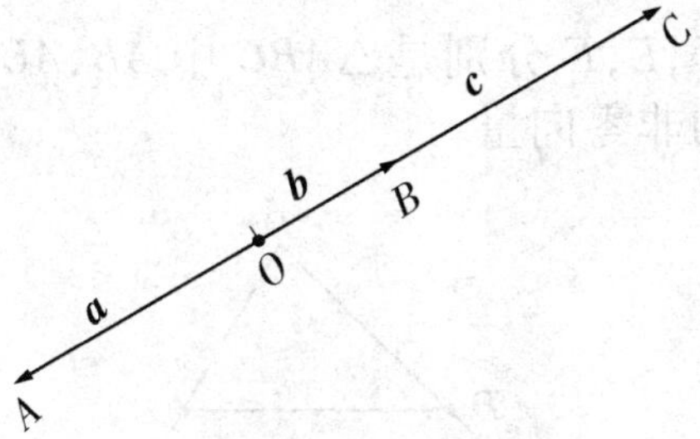

图 1－5

零向量与任意向量共线.

容易看出，**向量 $\boldsymbol{a}$ 与 $\boldsymbol{b}$ 共线的充分必要条件是：$\boldsymbol{a}$ 与 $\boldsymbol{b}$ 同向或反向，或其中有一个是零向量.**

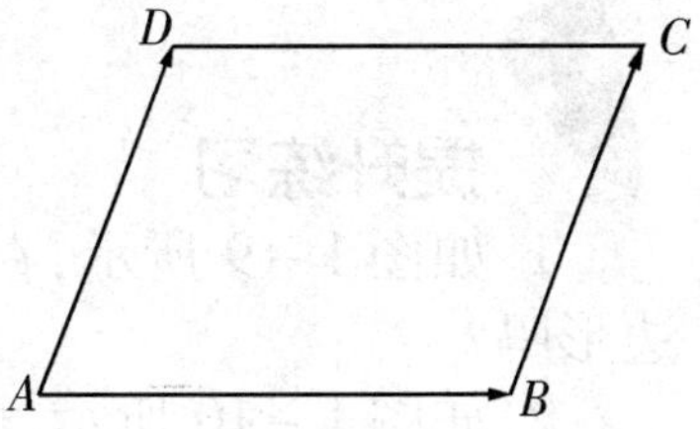

图 1－6

例 1　如图 1－6 所示，在▱$ABCD$ 中，找出与向量 $\overrightarrow{AB}$ 相等的向量，以及 $\overrightarrow{AB}$ 的负向量.

解　$\overrightarrow{AB}=\overrightarrow{DC}$，

$-\overrightarrow{AB}=\overrightarrow{BA}=\overrightarrow{CD}$.

例 2　如图 1－6 所示，在▱$ABCD$ 中，找出与向量 $\overrightarrow{AD}$ 共线的非零向量.

解　与向量 $\overrightarrow{AD}$ 共线的向量有

$$\overrightarrow{BC},\overrightarrow{DA},\overrightarrow{CB}.$$

基础练习

1. 如图 1－7 所示，为 5×6 的方格纸，小正方形的边长为 1，画出向量 $\overrightarrow{AB}$，$\overrightarrow{AC}$，$\overrightarrow{BD}$，$\overrightarrow{DC}$，$\overrightarrow{EF}$，并求出这些向量的模.

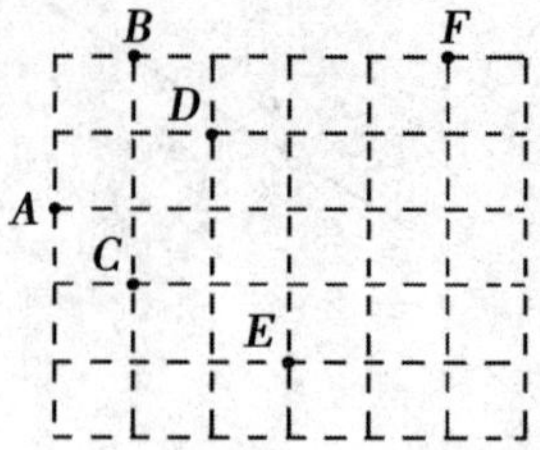

图 1-7

2. 一艘轮船从 A 处向正东方向航行 100 海里,另一艘轮船从 A 处沿北偏东 45° 方向航行 100 海里. 这两艘轮船的位移相同吗？分别用有向线段来表示这两艘轮船的位移.

3. 如图 1-8 所示, D,E,F 分别是 $\triangle ABC$ 中 AB,AC,BC 边的中点,找出与向量 $\overrightarrow{BF}$ 相等、相反、共线的非零向量.

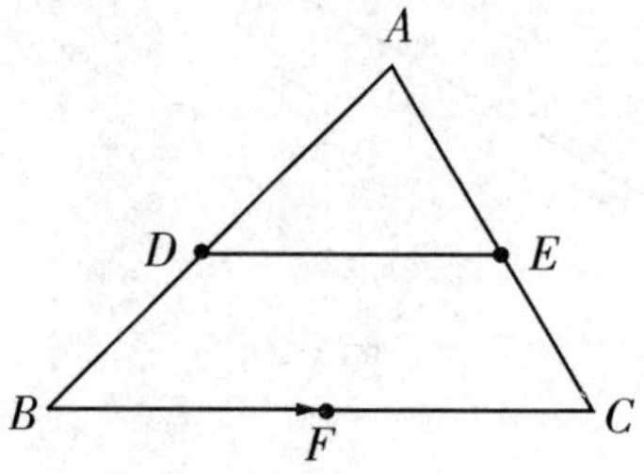

图 1-8

提升练习

1. 如图 1-9 所示,在四边形 $ABCD$ 中,如果 $\overrightarrow{AD}=\overrightarrow{BC}$,那么 $ABCD$ 是平行四边形吗？

2. 如图 1-10 所示, O 是正六边形 $ABCDEF$ 的中心,找出与向量 $\overrightarrow{OA}$ 相等的向量,以及 $\overrightarrow{OA}$ 的负向量.

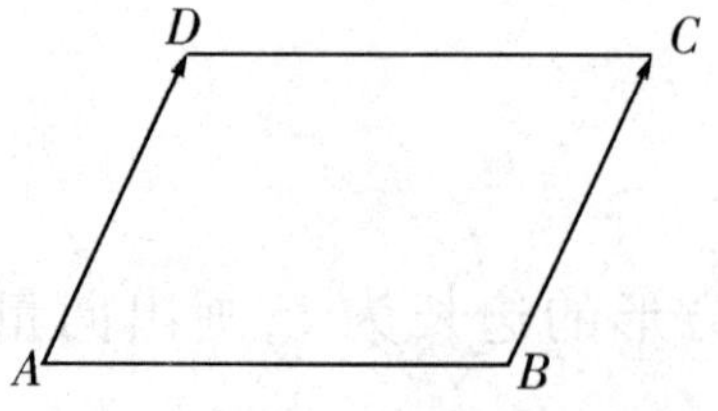

图 1-9

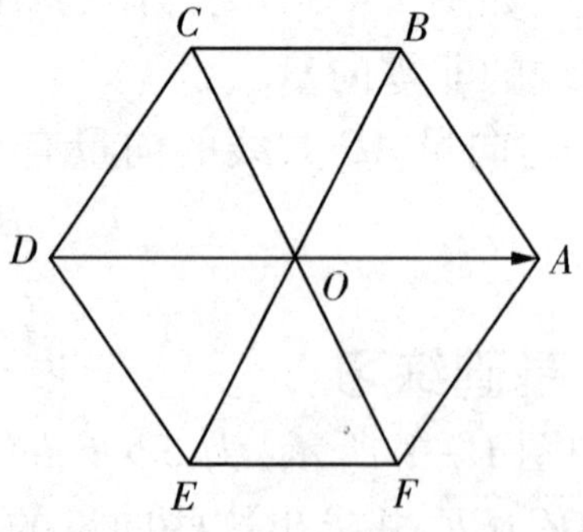

图 1-10

3. 在图 1-10 中找出与向量 $\overrightarrow{OC}$ 共线的向量.

第二节　向量的加法与减法

一、向量的加法

把北京，上海，广州3个地名分别用字母 A,B,C 表示，一架飞机从 A 处（北京）起飞到达 B 处（上海），然后从 B 处（上海）飞到 C 处（广州），那么，这两次（飞行）的位移 $\overrightarrow{AB}$ 和 $\overrightarrow{BC}$ 的总效果如何？显然是飞机从 A 处（北京）到达 C 处（广州）. 我们把位移 $\overrightarrow{AC}$ 叫做位移 $\overrightarrow{AB}$ 与 $\overrightarrow{BC}$ 的和，记作 $\overrightarrow{AC}=\overrightarrow{AB}+\overrightarrow{BC}$.

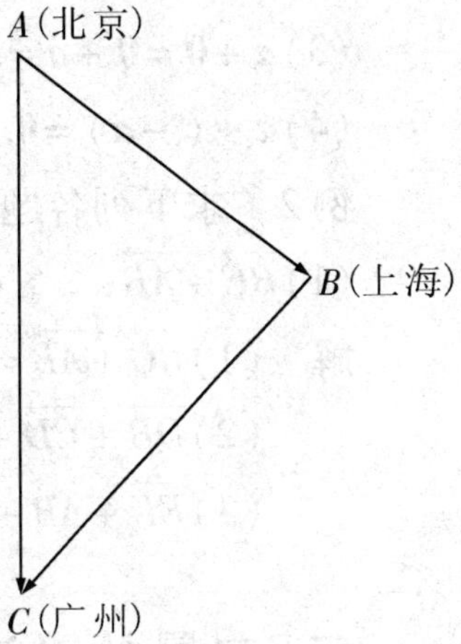

图1－11

一般地，对于向量 $\boldsymbol{a},\boldsymbol{b}$，任取一点 A，作有向线段 $\overrightarrow{AB}$ 表示向量 $\boldsymbol{a}$，接着以 $\overrightarrow{AB}$ 的终点 B 为起点作有向线段 $\overrightarrow{BC}$ 表示向量 $\boldsymbol{b}$，则有向线段 $\overrightarrow{AC}$ 表示的向量 $\boldsymbol{c}$，称为 $\boldsymbol{a}$ 与 $\boldsymbol{b}$ 的和，记作 $\boldsymbol{c}=\boldsymbol{a}+\boldsymbol{b}$. 如图1－11，图1－12所示，有向量等式

$$\overrightarrow{AC}=\overrightarrow{AB}+\overrightarrow{BC} \quad ①$$

上述关于向量加法的定义称为向量加法的**三角形法则**.

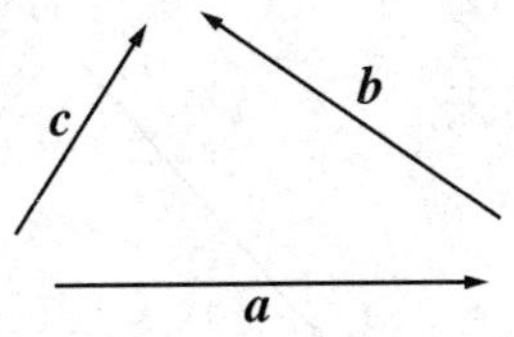

图1－12

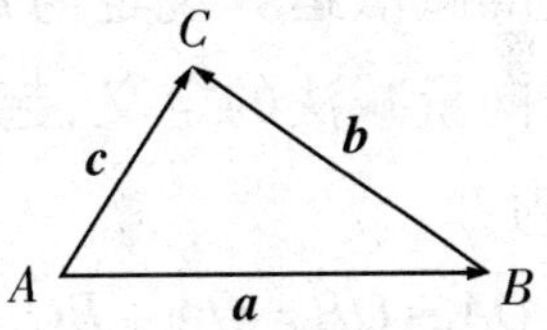

图1－13

从上述实例和向量加法的三角形法则，可得出规律：**将被加向量与加向量首尾相接，它们的和等于被加向量的起点到加向量的终点形成的向量**，即 $\overrightarrow{AB}+\overrightarrow{BC}=\overrightarrow{AC}$.

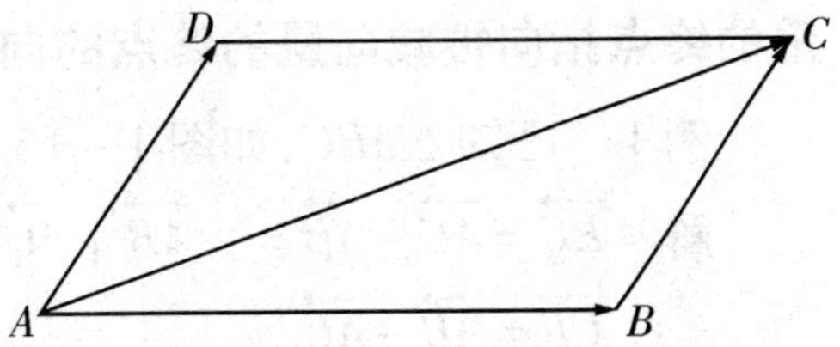

图1－14

例1　如图1－14所示，四边形 $ABCD$ 是平行四边形，求作 $\overrightarrow{AB}+\overrightarrow{AD}$.

解 由于$\overrightarrow{AD}=\overrightarrow{BC}$,因此$\overrightarrow{AB}+\overrightarrow{AD}=\overrightarrow{AB}+\overrightarrow{BC}=\overrightarrow{AC}$.

从例1可看出求不共线的两个向量$\boldsymbol{a}$, $\boldsymbol{b}$,还可以从同一起点A作有向线段$\overrightarrow{AB}$,$\overrightarrow{AD}$表示$\boldsymbol{a}$,$\boldsymbol{b}$,然后以AB,AD为邻边作平行四边形,则有向线段$\overrightarrow{AC}$就表示$\boldsymbol{a}+\boldsymbol{b}$,其中$AC$是对角线,这就是求不共线的两个向量的和的方法,称为向量加法的**平行四边形法则**.

向量加法满足下列运算律:

(1)$\boldsymbol{a}+\boldsymbol{b}=\boldsymbol{b}+\boldsymbol{a}$;

(2)$(\boldsymbol{a}+\boldsymbol{b})+\boldsymbol{c}=\boldsymbol{a}+(\boldsymbol{b}+\boldsymbol{c})$;

(3)$\boldsymbol{a}+\boldsymbol{0}=\boldsymbol{0}+\boldsymbol{a}=\boldsymbol{a}$;

(4)$\boldsymbol{a}+(-\boldsymbol{a})=\boldsymbol{0}$.

例2 求下列各题中的和向量:

(1)$\overrightarrow{BC}+\overrightarrow{AB}$; (2)$\overrightarrow{DB}+\overrightarrow{CD}+\overrightarrow{BC}$; (3)$\overrightarrow{EF}+\overrightarrow{AB}+(-\overrightarrow{AB})$.

解 (1)$\overrightarrow{BC}+\overrightarrow{AB}=\overrightarrow{AB}+\overrightarrow{BC}=\overrightarrow{AC}$;

(2)$\overrightarrow{DB}+\overrightarrow{CD}+\overrightarrow{BC}=\overrightarrow{CD}+\overrightarrow{DB}+\overrightarrow{BC}=\overrightarrow{CB}+\overrightarrow{BC}=\boldsymbol{0}$;

(3)$\overrightarrow{EF}+\overrightarrow{AB}+(-\overrightarrow{AB})=\overrightarrow{EF}$.

二、向量的减法运算

我们知道$5-2=5+(-2)$,可以从中得到启示.

向量的减法运算规定为$\boldsymbol{a}-\boldsymbol{b}=\boldsymbol{a}+(-\boldsymbol{b})$. ②

根据向量减法的定义,起点相同的两向量$\overrightarrow{OA}$减去$\overrightarrow{OB}$的差为

$$\overrightarrow{OA}-\overrightarrow{OB}=\overrightarrow{OA}+\overrightarrow{BO}=\overrightarrow{BO}+\overrightarrow{OA}=\overrightarrow{BA},$$

即 $\overrightarrow{OA}-\overrightarrow{OB}=\overrightarrow{BA}$(如图1-14所示) ③

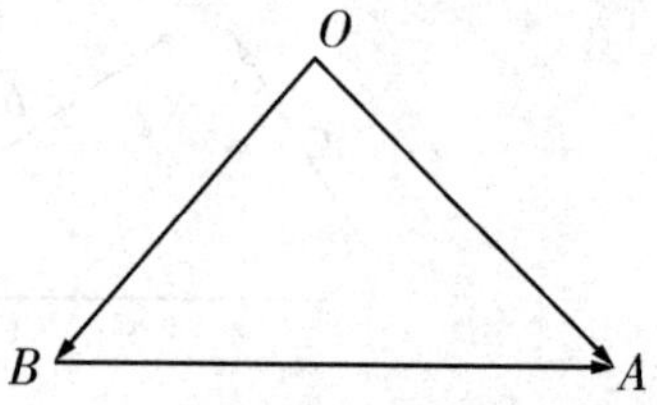

图1-15

公式③表明:起点相同的**两个向量的差等于减向量的终点指向被减向量的终点的向量**.

例1 已知$\triangle ABC$,如图1-16所示,用向量$\overrightarrow{AB}$,$\overrightarrow{AC}$表示向量$\overrightarrow{BC}$,$\overrightarrow{CB}$.

解 $\overrightarrow{BC}=\overrightarrow{AC}-\overrightarrow{AB}=-\overrightarrow{AB}+\overrightarrow{AC}$,

$\overrightarrow{CB}=\overrightarrow{AB}-\overrightarrow{AC}$.

例2 已知▱$ABCD$,如图1-17所示,用向量$\overrightarrow{AB}$,$\overrightarrow{AD}$表示向量$\overrightarrow{CD}$,$\overrightarrow{BD}$.

解 $\overrightarrow{CD}=\overrightarrow{BA}=-\overrightarrow{AB}$,

$\overrightarrow{BD}=\overrightarrow{AD}-\overrightarrow{AB}=-\overrightarrow{AB}+\overrightarrow{AD}.$

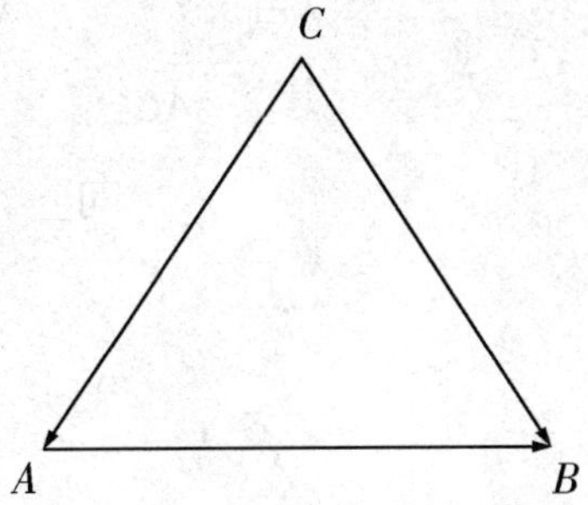

图 1－16

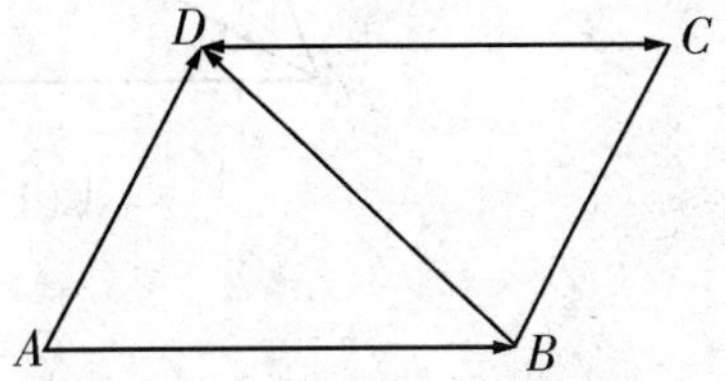

图 1－17

基础练习

1. 不画图，写出下列向量的和向量：

(1) $\overrightarrow{MN}+\overrightarrow{NL}$；　(2) $\overrightarrow{PM}+\overrightarrow{MQ}$；　(3) $\overrightarrow{AO}+\overrightarrow{OB}$

(4) $\overrightarrow{AC}+\overrightarrow{CB}$；　(5) $\overrightarrow{AB}-\overrightarrow{AD}$；　(6) $\overrightarrow{BA}-\overrightarrow{BC}$；

(7) $\overrightarrow{AB}-\overrightarrow{AC}+\overrightarrow{BD}-\overrightarrow{CD}$；　(8) $\overrightarrow{NQ}+\overrightarrow{QP}+\overrightarrow{MN}-\overrightarrow{MP}$.

2. 如图 1－18 所示，由给定的向量 $\boldsymbol{a}$，$\boldsymbol{b}$，分别用三角形法则和平行四边形法则作 $\boldsymbol{a}+\boldsymbol{b}$，$\boldsymbol{a}-\boldsymbol{b}$.

3. 如图 1－19 所示，写出下列向量的和向量、差向量，并画出和向量、差向量：

(1) $\overrightarrow{OP}+\overrightarrow{OM}$；　(2) $\overrightarrow{AB}+\overrightarrow{AC}$；

(3) $\overrightarrow{OP}-\overrightarrow{OM}$；　(4) $\overrightarrow{AB}-\overrightarrow{AC}$.

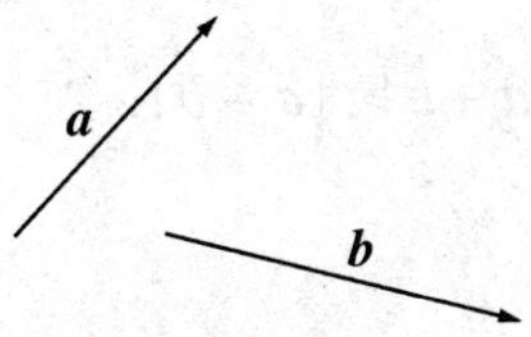

图 1－18

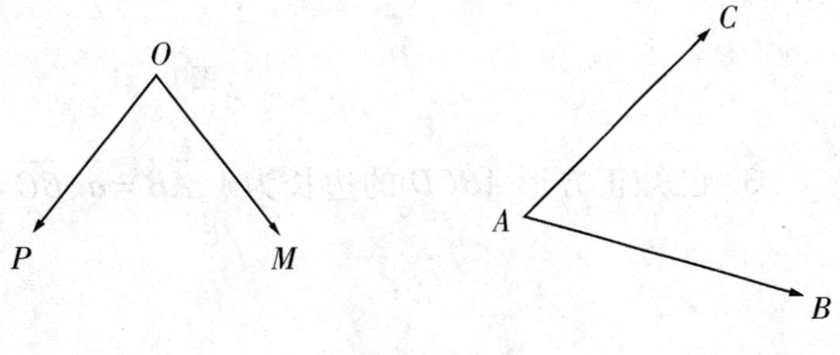

图 1－19

4. 已知▱$ABCD$，如图 1－20 所示，用向量 $\overrightarrow{AB}$，$\overrightarrow{AD}$ 表示向量 $\overrightarrow{CD}$，$\overrightarrow{AC}$，$\overrightarrow{DB}$.

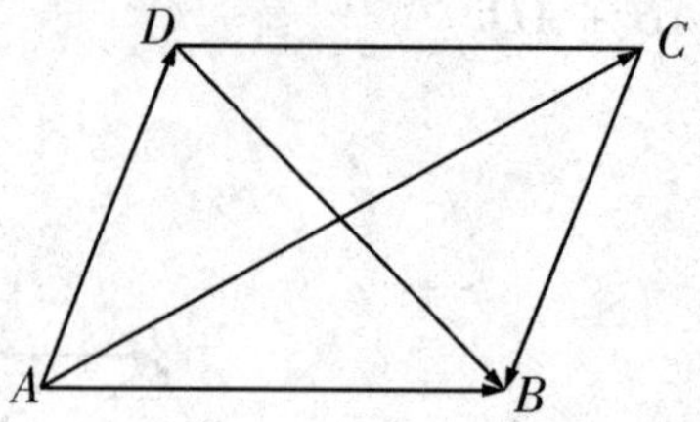

图 1－20

提升练习

1. 求下列各题的和向量:

(1) $\overrightarrow{AD}+\overrightarrow{DC}+\overrightarrow{CA}$;

(2) $\overrightarrow{DE}+\overrightarrow{DC}+\overrightarrow{ED}$;

(3) $\overrightarrow{AB}+\overrightarrow{BC}-\overrightarrow{AD}$;

(4) $\overrightarrow{AB}+\overrightarrow{BC}+\overrightarrow{CD}$.

2. 如图 1－21 所示,在正六边形 $ABCDEF$ 中,用向量 $\overrightarrow{AB}$,$\overrightarrow{AF}$ 表示向量 $\overrightarrow{BC}$,$\overrightarrow{CD}$,$\overrightarrow{DE}$,$\overrightarrow{EF}$.

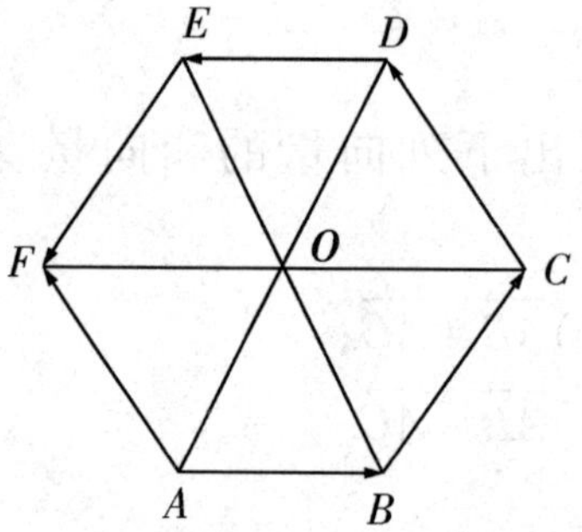

图 1－21

3. 已知正方形 $ABCD$ 的边长为 1,$\overrightarrow{AB}=\boldsymbol{a}$,$\overrightarrow{BC}=\boldsymbol{b}$,求 $|\boldsymbol{a}+\boldsymbol{b}|$,$|\boldsymbol{a}-\boldsymbol{b}|$.

第三节 数乘向量及向量共线

一、数乘向量

洛阳出土的“天子驾六”曾轰动一时，在考古学上有重大价值，“天子驾六”即天子所乘的车为6匹马拉一辆车，以此为例，假设每匹马所用的力 $\boldsymbol{F}$ 是相同的（大小一样，方向一致），显然马车所受力为 $\boldsymbol{F}+\boldsymbol{F}+\boldsymbol{F}+\boldsymbol{F}+\boldsymbol{F}+\boldsymbol{F}$.

作出 $\overrightarrow{OA}=\overrightarrow{AB}=\overrightarrow{BC}=\overrightarrow{CD}=\overrightarrow{DE}=\overrightarrow{EF}$（见图1－22）.

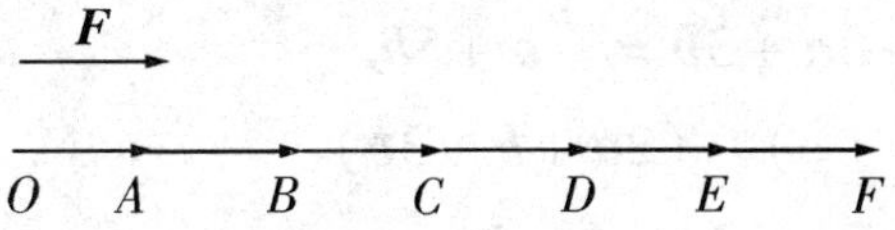

图1－22

把 $\boldsymbol{F}+\boldsymbol{F}+\boldsymbol{F}+\boldsymbol{F}+\boldsymbol{F}+\boldsymbol{F}$ 记作 $6\boldsymbol{F}$，可以看出：向量 $6\boldsymbol{F}$ 与 $\boldsymbol{F}$ 的方向相同，向量 $6\boldsymbol{F}$ 的长度是 $\boldsymbol{F}$ 长度的6倍.

从而，得出数乘向量的运算规律为：

任意实数 λ 与向量 $\boldsymbol{a}$ 的乘积 $\lambda\boldsymbol{a}$ 是一个向量，它的长度 $|\lambda\boldsymbol{a}|=|\lambda||\boldsymbol{a}|$，当 $\lambda>0$ 时，$\lambda\boldsymbol{a}$ 与 $\boldsymbol{a}$ 的方向相同；当 $\lambda<0$ 时，它与 $\boldsymbol{a}$ 的方向相反；当 $\lambda=0$ 时，$\lambda\boldsymbol{a}=\boldsymbol{0}$；同时 $\lambda\boldsymbol{0}=\boldsymbol{0}$.

这种运算形式我们称为数乘向量.

例1 已知向量 $\boldsymbol{a}$，分别作出有向线段表示 $3\boldsymbol{a}$，$-2\boldsymbol{a}$.

解 如图1－23所示，向量 $3\boldsymbol{a}$ 的长度是 $\boldsymbol{a}$ 的长度的3倍，方向与 $\boldsymbol{a}$ 相同；向量 $-2\boldsymbol{a}$ 的长度是 $\boldsymbol{a}$ 的长度的2倍，方向与 $\boldsymbol{a}$ 相反.

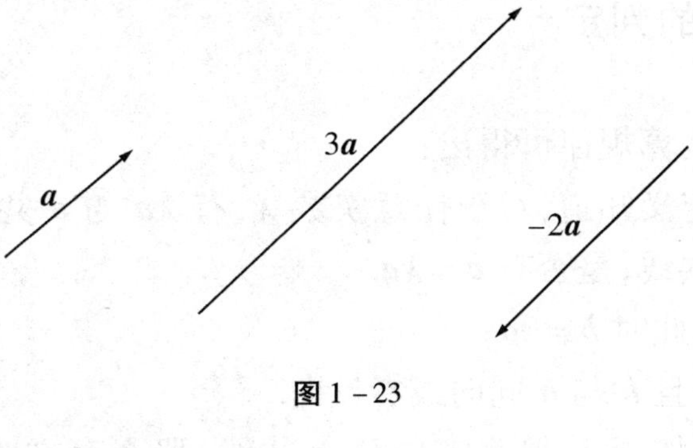

图1－23

数乘向量运算满足下列运算规律：

(1) $(\lambda+\mu)\boldsymbol{a}=\lambda\boldsymbol{a}+\mu\boldsymbol{a}$;

(2) $\lambda(\mu\boldsymbol{a})=(\lambda\mu)\boldsymbol{a}$;

(3) $\lambda(\boldsymbol{a}+\boldsymbol{b})=\lambda\boldsymbol{a}+\lambda\boldsymbol{b}$.

注 向量的加法与数乘满足的运算法则,与实数加法与乘法法则具体意义不同,但在形式上类似. 今后实数的运算中去括号、合并同类项、移项等法则,在形式上都可用到向量的运算中来.

例2 计算:

(1) $2(\boldsymbol{a}+\boldsymbol{b})-3(\boldsymbol{a}-\boldsymbol{b})$;

(2) $3(\boldsymbol{a}-2\boldsymbol{b}+\boldsymbol{c})-(2\boldsymbol{a}+\boldsymbol{b}-3\boldsymbol{c})$.

解 (1)
$$\begin{aligned}&2(\boldsymbol{a}+\boldsymbol{b})-3(\boldsymbol{a}-\boldsymbol{b})\\&=2\boldsymbol{a}+2\boldsymbol{b}-3\boldsymbol{a}+3\boldsymbol{b}=-\boldsymbol{a}+5\boldsymbol{b}.\end{aligned}$$

(2)
$$\begin{aligned}&3(\boldsymbol{a}-2\boldsymbol{b}+\boldsymbol{c})-(2\boldsymbol{a}+\boldsymbol{b}-3\boldsymbol{c})\\&=3\boldsymbol{a}-6\boldsymbol{b}+3\boldsymbol{c}-2\boldsymbol{a}-\boldsymbol{b}+3\boldsymbol{c}\\&=\boldsymbol{a}-7\boldsymbol{b}+6\boldsymbol{c}.\end{aligned}$$

例3 如图 1-24 所示,D 是 $\triangle ABC$ 中边 BC 的中点,用向量 $\overrightarrow{AB}$,$\overrightarrow{AC}$ 表示向量 $\overrightarrow{AD}$.

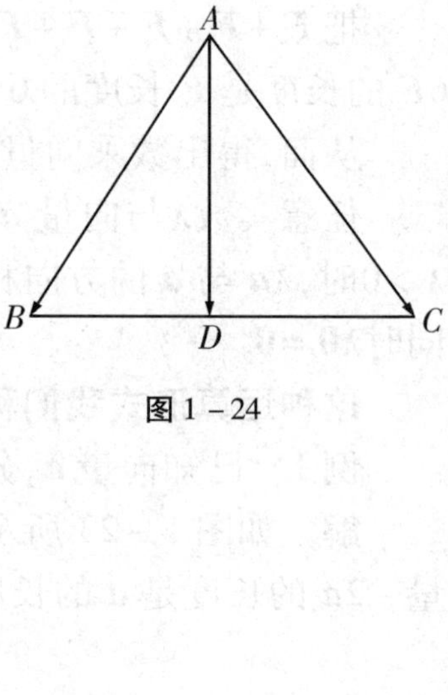

图 1-24

解
$$\begin{aligned}\overrightarrow{AD}&=\overrightarrow{AC}+\overrightarrow{CD}=\overrightarrow{AC}+\frac{1}{2}\overrightarrow{CB}\\&=\overrightarrow{AC}+\frac{1}{2}(\overrightarrow{AB}-\overrightarrow{AC})\\&=\overrightarrow{AC}+\frac{1}{2}\overrightarrow{AB}-\frac{1}{2}\overrightarrow{AC}\\&=\frac{1}{2}\overrightarrow{AB}+\frac{1}{2}\overrightarrow{AC}.\end{aligned}$$

二、向量共线的判定

由数乘向量的运算规律可得出:

从数乘向量的定义知道,对于任意实数 λ,有 $\lambda\boldsymbol{a}$ 与 $\boldsymbol{a}$ 共线. 反过来,如果向量 $\boldsymbol{b}$ 与非零向量 $\boldsymbol{a}$ 共线,是否有 $\boldsymbol{b}=\lambda\boldsymbol{a}$.

讨论:(1) $\boldsymbol{b}=\boldsymbol{0}$,此时 $\boldsymbol{b}=0\boldsymbol{a}$;

(2) $\boldsymbol{b}\neq\boldsymbol{0}$,且 $\boldsymbol{b}$ 与 $\boldsymbol{a}$ 同向或者反向.

可以证明(略):如果 $\boldsymbol{b}$ 与非零向量 $\boldsymbol{a}$ 共线,那么存在唯一的实数 λ,使得 $\boldsymbol{b}=\lambda\boldsymbol{a}$.

综上所述：

向量 $\boldsymbol{b}$ 与非零向量 $\boldsymbol{a}$ 共线的充分必要条件是：存在实数 λ，使得 $\boldsymbol{b}=\lambda\boldsymbol{a}$.

例 如图 1－25 所示，M,N 分别是三角形 ABC 的边 AB,AC 上的点，并且 $|\overrightarrow{AM}|=\dfrac{2}{3}|\overrightarrow{AB}|$，$|\overrightarrow{AN}|=\dfrac{2}{3}|\overrightarrow{AC}|$，证明：$MN/\!/BC$.

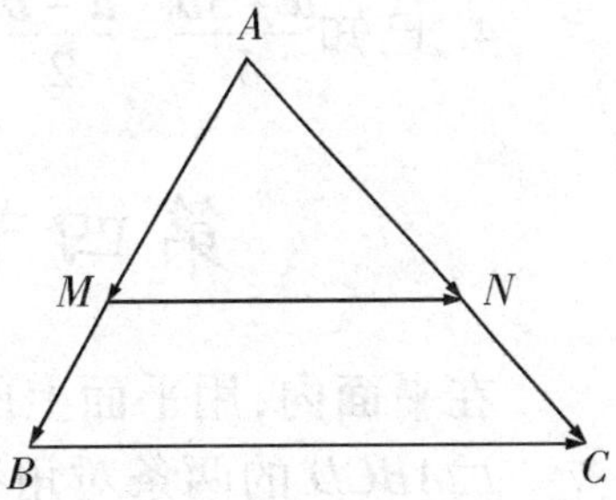

图 1－25

证明 要证 $MN/\!/BC$，则需证 $\overrightarrow{MN}$ 与 $\overrightarrow{BC}$ 共线.

$$\begin{aligned}\overrightarrow{MN}&=\overrightarrow{AN}-\overrightarrow{AM}\\&=\frac{2}{3}\overrightarrow{AC}-\frac{2}{3}\overrightarrow{AB}\\&=\frac{2}{3}(\overrightarrow{AC}-\overrightarrow{AB})\\&=\frac{2}{3}\overrightarrow{BC}.\end{aligned}$$

因此，$\overrightarrow{MN}$ 与 $\overrightarrow{BC}$ 共线，从而 $MN/\!/BC$.

一般地，我们把向量的加法、减法和数乘运算称为**向量的线性运算**.

基础练习

1. 在平面内任画一非零向量 $\boldsymbol{a}$，分别作出向量 $2\boldsymbol{a}$，$-3\boldsymbol{a}$，$\dfrac{1}{2}\boldsymbol{a}$.

2. 计算下列各式：

(1)$2(\boldsymbol{a}-2\boldsymbol{b})+(5\boldsymbol{a}+2\boldsymbol{b})$；

(2)$3(2\boldsymbol{a}+\boldsymbol{b}-2\boldsymbol{c})-5(\boldsymbol{a}+2\boldsymbol{b}+\boldsymbol{c})$.

3. 如图 1－26 所示，D,E 是 $\triangle ABC$ 中边 AB,AC 的中点，用向量 $\overrightarrow{AB},\overrightarrow{AC}$ 表示向量 $\overrightarrow{DE}$.

4. 已知 M,N 分别是三角形 ABC 中边 AB,AC 上的点，并且 $|\overrightarrow{AM}|=\dfrac{3}{4}|\overrightarrow{AB}|$，$|\overrightarrow{AN}|=\dfrac{3}{4}|\overrightarrow{AC}|$，证明：$MN/\!/BC$.

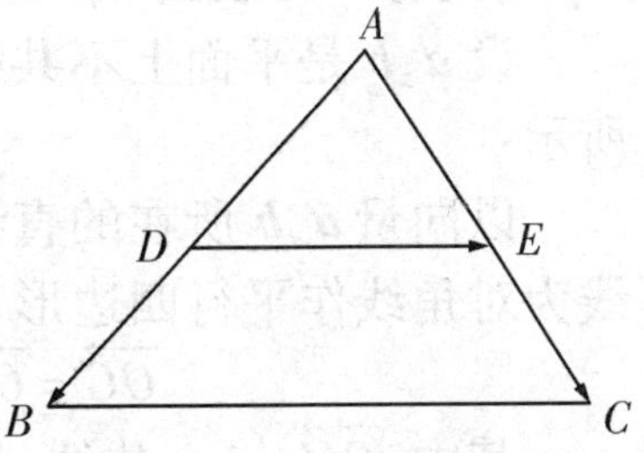

图 1－26

提升练习

1. 设 M 是线段 PQ 的中点，证明：对于任意一点 O，有

$$\overrightarrow{OM}=\frac{1}{2}(\overrightarrow{OP}+\overrightarrow{OQ}).$$

2. 设 AD,BE,CF 是 $\triangle ABC$ 的三条中线，用 $\overrightarrow{AB},\overrightarrow{AC}$ 表示 $\overrightarrow{AD},\overrightarrow{BE},\overrightarrow{CF}$，并且求

$\overrightarrow{AD}+\overrightarrow{BE}+\overrightarrow{CF}$.

3. 已知 M,N 分别是 $\triangle ABC$ 的边 AB,AC 的中点，证明：$MN/\!/BC$.

4. 已知 $\frac{\boldsymbol{a}+3\boldsymbol{b}}{5}-\frac{\boldsymbol{a}-\boldsymbol{b}}{2}=\frac{1}{5}(3\boldsymbol{a}+2\boldsymbol{b})$. 证明：向量 $\boldsymbol{a}$ 与 $\boldsymbol{b}$ 共线.

第四节　平面向量基本定理

在平面内，用平面上的有向线段表示的向量称为平面向量.

▱$ABCD$ 的两条对角线交于点 O，用向量 $\overrightarrow{AB},\overrightarrow{AD}$ 表示向量 $\overrightarrow{AO},\overrightarrow{OD}$，得

$$\overrightarrow{AO}=\frac{1}{2}\overrightarrow{AC}=\frac{1}{2}(\overrightarrow{AB}+\overrightarrow{AD})=\frac{1}{2}\overrightarrow{AB}+\frac{1}{2}\overrightarrow{AD}$$

$$\begin{aligned}\overrightarrow{OD}&=\frac{1}{2}\overrightarrow{BD}=\frac{1}{2}(\overrightarrow{AD}-\overrightarrow{AB})\\&=-\frac{1}{2}\overrightarrow{AB}+\frac{1}{2}\overrightarrow{AD}.\end{aligned}$$

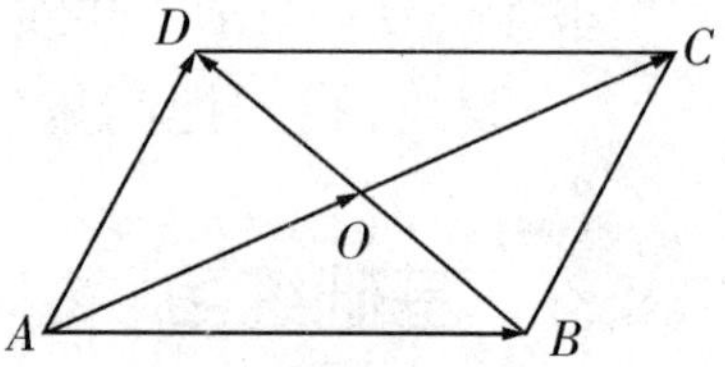

图 1－27

上述例子中：

$\frac{1}{2}\overrightarrow{AB}+\frac{1}{2}\overrightarrow{AD}$，$-\frac{1}{2}AB+\frac{1}{2}\overrightarrow{AD}$ 都称为向量 $\overrightarrow{AB},\overrightarrow{AD}$ 的线性组合，$\overrightarrow{AO}=\frac{1}{2}\overrightarrow{AB}+\frac{1}{2}\overrightarrow{AD}$ 称为由 $\overrightarrow{AB},\overrightarrow{AD}$ 线性表出.

一般地，**$\lambda\boldsymbol{a}+\mu\boldsymbol{b}$ 称为 $\boldsymbol{a},\boldsymbol{b}$ 的一个线性组合**，其中 λ,μ 称为系数，**如果 $\boldsymbol{c}=\lambda\boldsymbol{a}+\mu\boldsymbol{b}$，则称 $\boldsymbol{c}$ 可以由 $\boldsymbol{a},\boldsymbol{b}$ 线性表出.**

设 $\boldsymbol{a},\boldsymbol{b}$ 是平面上不共线的两个向量，对平面上任意一个向量 $\boldsymbol{c}$，如图 1－28 所示：

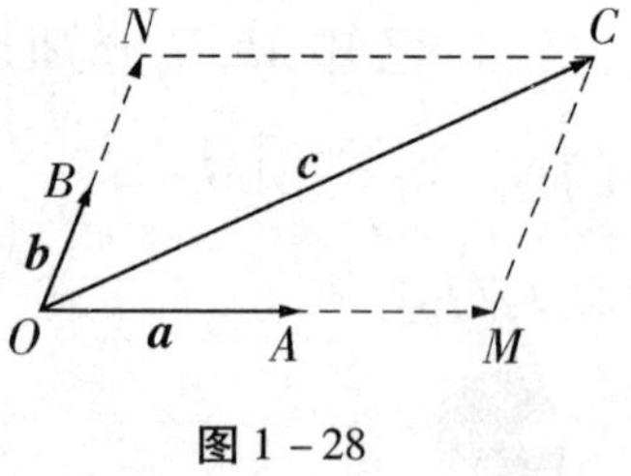

图 1－28

以向量 $\boldsymbol{a},\boldsymbol{b}$ 所在的直线为邻边，以向量 $\boldsymbol{c}$ 所在的直线为对角线作平行四边形，于是有

$$\overrightarrow{OC}=\overrightarrow{OM}+\overrightarrow{ON}. \quad ①$$

其中，$\overrightarrow{OM}$ 与 $\boldsymbol{a}$ 共线，因此有 $\overrightarrow{OM}=x\boldsymbol{a}$；$\overrightarrow{ON}$ 与 $\boldsymbol{b}$ 共线，因此有 $\overrightarrow{ON}=y\boldsymbol{b}$，将他们代入①式得

$$\overrightarrow{OC}=x\boldsymbol{a}+y\boldsymbol{b},$$

即

$$\boldsymbol{c}=x\boldsymbol{a}+y\boldsymbol{b}. \quad ②$$

当向量 $\boldsymbol{c}$ 与 $\boldsymbol{a}$ 共线，或与 $\boldsymbol{b}$ 共线时①式仍成立.

还能证明：向量 $\boldsymbol{c}$ 表示成 $\boldsymbol{a},\boldsymbol{b}$ 的线性组合的方式是唯一的.

平面向量基本定理：平面上取定不共线的两个向量 $\boldsymbol{a},\boldsymbol{b}$，则平面上任意一个向量 $\boldsymbol{c}$ 可以唯一地表示成 $\boldsymbol{a},\boldsymbol{b}$ 的线性组合

$$c = xa + yb,$$

称 a,b 是平面的一个基,有序实数对(x,y)叫做向量 c 在基 a,b 下的坐标,记作$c=(x,y)$.

例 如图 1-29 所示,▱$ABCD$ 的边 BC 和 CD 的中点分别是 E,F,取 $\overrightarrow{AB}$,$\overrightarrow{AD}$ 为平面的一个基,分别求向量 $\overrightarrow{AB}$,$\overrightarrow{AD}$,$\overrightarrow{BC}$,$\overrightarrow{CD}$,$\overrightarrow{EF}$ 在基 $\overrightarrow{AB}$,$\overrightarrow{AD}$ 下的坐标.

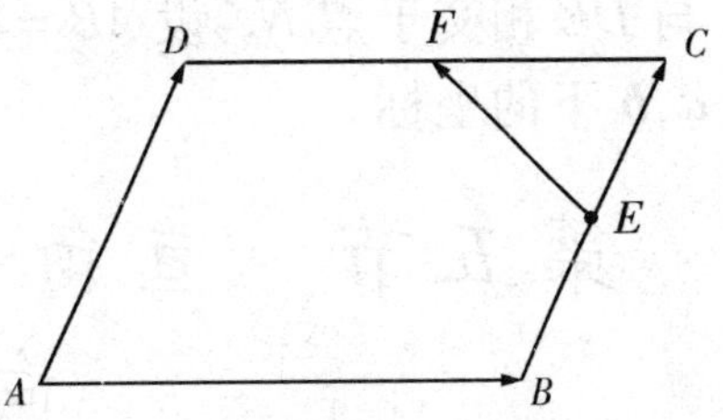

图 1-29

解 $\overrightarrow{AB}=1\overrightarrow{AB}+0\overrightarrow{AD}$,

$\overrightarrow{AD}=0\overrightarrow{AB}+1\overrightarrow{AD}$,

$\overrightarrow{BC}=\overrightarrow{AD}=0\overrightarrow{AB}+1\overrightarrow{AD}$,

$\overrightarrow{CD}=-\overrightarrow{AB}=(-1)\overrightarrow{AB}+0\overrightarrow{AD}$,

$$\overrightarrow{EF}=\overrightarrow{EC}+\overrightarrow{CF}=\frac{1}{2}\overrightarrow{BC}+\frac{1}{2}\overrightarrow{CD}$$
$$=\frac{1}{2}\overrightarrow{AD}+\frac{1}{2}\overrightarrow{BA}$$
$$=-\frac{1}{2}\overrightarrow{AB}+\frac{1}{2}\overrightarrow{AD}.$$

因此,它们在基 $\overrightarrow{AB}$,$\overrightarrow{AD}$ 下的坐标分别为$(1,0)$,$(0,1)$,$(0,1)$,$(-1,0)$,$\left(-\frac{1}{2},\frac{1}{2}\right)$.

基础练习

1. 设△ABC 的边 BC 的中点为 D,取 $\overrightarrow{AB}$,$\overrightarrow{AC}$ 为平面的一个基,分别求 $\overrightarrow{AD}$,$\overrightarrow{BC}$,$\overrightarrow{BD}$ 在基 $\overrightarrow{AB}$,$\overrightarrow{AC}$ 下的坐标.

2. 设 D,E 分别是△ABC 的边 AB,AC 上的点,且$|AD|=\frac{1}{3}|AB|$,$|CE|=\frac{1}{3}|CA|$,求 $\overrightarrow{DE}$ 在基 $\overrightarrow{AB}$,$\overrightarrow{AC}$ 下的坐标.

3. 设 D 是三角形 ABC 的边 BC 上一点,并且$|BD|=t|BC|$,求 $\overrightarrow{AD}$ 在基 $\overrightarrow{AB}$、$\overrightarrow{AC}$ 下的坐标.

提升练习

1. 设 M,N 分别是▱$ABCD$ 的边 BC,CD 上的点,且$|\overrightarrow{BM}|=\frac{1}{3}|\overrightarrow{BC}|$,$|\overrightarrow{CN}|=\frac{2}{3}|\overrightarrow{CD}|$,求向量 $\overrightarrow{MN}$ 在基 $\overrightarrow{AB}$,$\overrightarrow{AD}$ 下的坐标.

2. 设 O 是正六边形 $ABCDEF$ 的中心,分别求 $\overrightarrow{AB}$,$\overrightarrow{BC}$,$\overrightarrow{CD}$,$\overrightarrow{CF}$ 在基 $\overrightarrow{OA}$,$\overrightarrow{OB}$ 下

的坐标.

3. $\triangle ABC$ 中，$\overrightarrow{AD}=\dfrac{1}{2}\overrightarrow{AB}$，$DE /\!/ BC$，且与边 AC 相交于点 E，$\triangle ABC$ 的中线 AM 与 DE 相交于点 N. 设 $\overrightarrow{AB}=\boldsymbol{a}$，$\overrightarrow{AC}=\boldsymbol{b}$，分别求 $\overrightarrow{AE}$，$\overrightarrow{BC}$，$\overrightarrow{DE}$，$\overrightarrow{DB}$，$\overrightarrow{EC}$，$\overrightarrow{DN}$，$\overrightarrow{AN}$ 在基 $\boldsymbol{a}$，$\boldsymbol{b}$ 下的坐标.

第五节　直角坐标系下向量的线性运算及向量平行的表示

一、向量的直角坐标

在平面直角坐标系 xOy 下，在 x 轴、y 轴上分别取一个单位向量 $\boldsymbol{e}_1$，$\boldsymbol{e}_2$，如图 1－30所示.

由图 1－30 可知 $\boldsymbol{e}_1$，$\boldsymbol{e}_2$ 不共线，因此 $\boldsymbol{e}_1$，$\boldsymbol{e}_2$ 是平面的一个基，则平面上任意向量 $\boldsymbol{c}$，在基 $\boldsymbol{e}_1$，$\boldsymbol{e}_2$ 下的坐标 (x,y) 称为 $\boldsymbol{c}$ 的直角坐标，记作 $\boldsymbol{c}=(x,y)=x\boldsymbol{e}_1+y\boldsymbol{e}_2$，简称 $\boldsymbol{c}$ 的坐标.

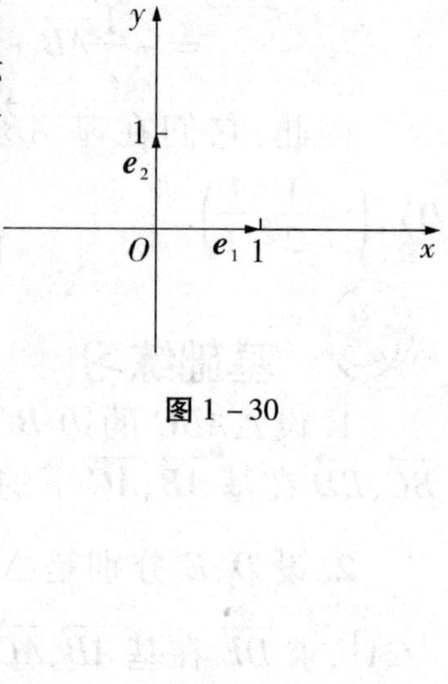

图 1－30

在平面直角坐标系下，**两个向量相等当且仅当它们的坐标相等**(即横纵坐标相等).

有序实数对的运算规定如下：

$$(x_1,y_1)+(x_2,y_2)\overset{\text{def}}{=\!=\!=}(x_1+x_2,y_1+y_2),$$

$$(x_1,y_1)-(x_2,y_2)\overset{\text{def}}{=\!=\!=}(x_1-x_2,y_1-y_2),$$

$$k(x,y)\overset{\text{def}}{=\!=\!=}(kx,ky).$$

二、向量的坐标运算

在直角坐标系下，设 $\boldsymbol{a}$，$\boldsymbol{b}$ 的坐标分别为 $\boldsymbol{a}(a_1,a_2)$，$\boldsymbol{b}(b_1,b_2)$，则 $\boldsymbol{a}+\boldsymbol{b}$ 的坐标为 (a_1+b_1,a_2+b_2)，$\boldsymbol{a}-\boldsymbol{b}$ 的坐标为 (a_1-b_1,a_2-b_2)，即两个向量的和或差的坐标等于它们坐标的和或差；$k\boldsymbol{a}$ 的坐标为 (ka_1,ka_2)，即实数 k 与向量 $\boldsymbol{a}$ 的乘积 $k\boldsymbol{a}$ 的坐标等于 k 乘以 $\boldsymbol{a}$ 的坐标.

例　设 $\boldsymbol{a}=(2,3)$，$\boldsymbol{b}=(1,-5)$，$\boldsymbol{c}=(-1,-2)$，求 $\boldsymbol{a}+\boldsymbol{b}$，$\boldsymbol{a}+3\boldsymbol{b}$，$3\boldsymbol{a}-\boldsymbol{b}+\boldsymbol{c}$.

解　$\boldsymbol{a}+\boldsymbol{b}=(2,3)+(1,-5)=(2+1,3-5)=(3,-2)$；

$\boldsymbol{a}+3\boldsymbol{b}=(2,3)+3(1,-5)=(2,3)+(3,-15)=(5,-12)$；

$$3\boldsymbol{a}-\boldsymbol{b}+\boldsymbol{c}=3(2,3)-(1,-5)+(-1,-2)$$
$$=(6,9)-(1,-5)+(-1,-2)$$
$$=(6-1-1,9+5-2)=(4,12).$$

三、向量坐标与点坐标

在直角坐标系下，向量坐标与点坐标的关系如何？

观察图 1 - 31，向量 $\overrightarrow{OP}$ 的坐标的起点在原点，起点在原点的向量叫做**定位向量**，每个定位向量被它的终点决定.

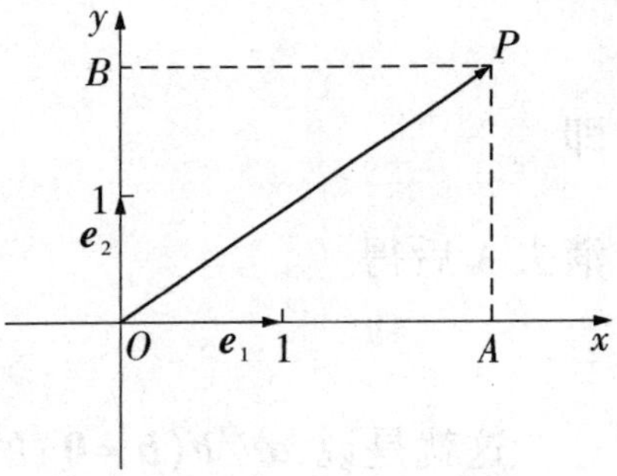

图 1 - 31

设点 P 的坐标为 (a,b)，从点 P 分别做 x 轴、y 轴的垂线，垂足分别为 A，B，从而 $\overrightarrow{OA}=a\boldsymbol{e}_1$，$\overrightarrow{OB}=b\boldsymbol{e}_2$.

因此

$$\overrightarrow{OP}=\overrightarrow{OA}+\overrightarrow{OB}=a\boldsymbol{e}_1+b\boldsymbol{e}_2.$$

于是向量 $\overrightarrow{OP}$ 的坐标为 (a,b)，由此得出：

定位向量的坐标等于它的终点坐标.

我们设任意向量 $\overrightarrow{PQ}$ 的两端点坐标分别为 $P(x_1,y_1)$，$Q(x_2,y_2)$，则

$$\overrightarrow{PQ}=\overrightarrow{OQ}-\overrightarrow{OP}=(x_2,y_2)-(x_1,y_1)$$
$$=(x_2-x_1,y_2-y_1),$$

即 $\overrightarrow{PQ}$ 的坐标为 (x_2-x_1,y_2-y_1).

这就是说，**任意向量的坐标等于终点坐标减去起点坐标.**

例 1 设 $A(3,6)$，$B(5,-3)$，求 $\overrightarrow{AB}$，$\overrightarrow{BA}$ 的坐标.

$\overrightarrow{AB}$ 的坐标为

$$(5,-3)-(3,6)=(2,-9).$$

$\overrightarrow{BA}=-\overrightarrow{AB}$，它的坐标为 $(-2,9)$.

例 2 已知三角形的三个顶点 $A(4,0)$，$B(-1,2)$，$C(-2,1)$，求 $\overrightarrow{AB}$，$\overrightarrow{BC}$，$\overrightarrow{CA}$.

解 $\overrightarrow{AB}=(-1,2)-(4,0)=(-5,2)$.

$\overrightarrow{BC}=(-2,1)-(-1,2)=(-1,-1)$.

$\overrightarrow{CA}=(4,0)-(-2,1)=(6,-1)$.

四、向量平行的坐标表示

设 $\boldsymbol{a}=(x_1,y_1)$，$\boldsymbol{b}=(x_2,y_2)$，其中 $\boldsymbol{b}\neq\boldsymbol{0}$，那么从前面可以知道，$\boldsymbol{a}/\!/\boldsymbol{b}$ 的充要条件是存在一实数 λ，使

$$\boldsymbol{a}=\lambda\boldsymbol{b},$$

这个结论如果用坐标表示，可写为

$$(x_1,y_1)=\lambda(x_2,y_2),$$

即

$$\begin{cases}x_1=\lambda x_2,\\ y_1=\lambda y_2.\end{cases}$$

消去 λ 后得

$$x_1y_2-x_2y_1=0.$$

这就是说，$\boldsymbol{a}/\!/\boldsymbol{b}(\boldsymbol{b}\neq\boldsymbol{0})$ 的**充要条件**是 $x_1y_2-x_2y_1=0\Leftrightarrow\dfrac{x_1}{x_2}=\dfrac{y_1}{y_2}$.

例 1 已知 $\boldsymbol{a}=(4,2)$，$\boldsymbol{b}=(6,y)$，且 $\boldsymbol{a}/\!/\boldsymbol{b}$，求 y.

解 因为

$$\boldsymbol{a}/\!/\boldsymbol{b},$$

所以

$$4y-2\times6=0.$$

即

$$y=3.$$

例 2 已知 $A(-1,-1)$，$B(1,3)$，$C(2,5)$，求证 A,B,C 三点共线.

证明：因为

$$\overrightarrow{AB}=(1-(-1),3-(-1))=(2,4),$$
$$\overrightarrow{AC}=(2-(-1),5-(-1))=(3,6),$$

又

$$2\times6-3\times4=0,$$

所以 $\overrightarrow{AB}/\!/\overrightarrow{AC}$.

又因为直线 AB、直线 AC 有公共点 A，所以 A,B,C 三点共线.

基础练习

1. 设 $\boldsymbol{a}=(2,-3)$，$\boldsymbol{b}=(-1,4)$，求 $\boldsymbol{a}+\boldsymbol{b}$，$-3\boldsymbol{b}$，$3\boldsymbol{a}-4\boldsymbol{b}$.
2. 已知 $A(3,5)$，$B(6,9)$，求 $\overrightarrow{AB}$，$\overrightarrow{BA}$.

3. 已知 $P(-2,0)$，$\overrightarrow{PQ}(-3,3)$，求点 Q 的坐标.

4. 已知 $B(4,-2)$，$\overrightarrow{AB}(3,1)$，求点 A 的坐标.

提升练习

1. 已知 $\boldsymbol{a}+\boldsymbol{b}$，$\boldsymbol{a}-\boldsymbol{b}$ 的坐标分别为$(1,-3)$，$(4,5)$，求 $\boldsymbol{a}$，$\boldsymbol{b}$ 的坐标.

2. 已知 A,B,C,D 四点的坐标，判断向量 $\overrightarrow{AB}$ 与 $\overrightarrow{CD}$ 是否共线？

(1) $A(2,0)$，$B(0,1)$，$C(0,-3)$，$D(4,-1)$；

(2) $A(1,-3)$，$B(4,5)$，$C(2,-1)$，$D(0,7)$.

3. 已知 A,B,C,D 四点的坐标分别为$(2,1)$，$(3,4)$，$(0,2)$，$(-1,-1)$，证明四边形 $ABCD$ 是平行四边形.

4. x 为何值时，$\boldsymbol{a}=(2,3)$ 与 $\boldsymbol{b}=(x,-6)$ 共线？

第六节　线段中点坐标公式与两点间距离公式

一、中点坐标公式

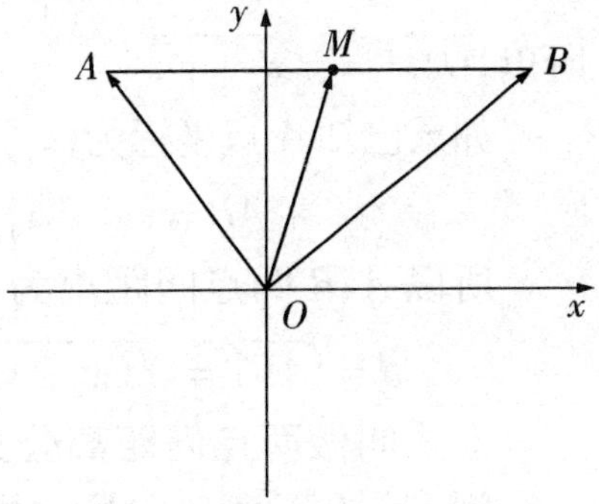

图 1－32

如图 1－32 所示，已知线段 AB 的两端点坐标分别为 $A(x_1,y_1)$，$B(x_2,y_2)$，设它的中点坐标为 $M(x,y)$，则由于点 M 是线段 AB 的中点，因此

$$\overrightarrow{OM}=\overrightarrow{OA}+\overrightarrow{AM}=\overrightarrow{OA}+\frac{1}{2}\overrightarrow{AB}$$

$$=\overrightarrow{OA}+\frac{1}{2}(\overrightarrow{OB}-\overrightarrow{OA})$$

$$=\frac{1}{2}(\overrightarrow{OA}+\overrightarrow{OB}).$$

从而 $\overrightarrow{OM}$ 的坐标为$\frac{1}{2}[(x_1,y_1)+(x_2,y_2)]=\left(\frac{x_1+x_2}{2},\frac{y_1+y_2}{2}\right)$，因此，点 M 的坐标是 $M\left(\frac{x_1+x_2}{2},\frac{y_1+y_2}{2}\right)$.

即 $x=\frac{x_1+x_2}{2}$，$y=\frac{y_1+y_2}{2}$就是线段的**中点坐标公式**.

线段的中点坐标等于它的两个端点坐标和的一半.

例 1　已知△ABC 的顶点 A,B,C 的坐标分别为$(2,-1)$，$(4,1)$，$(6,-3)$，

D,E 分别是边 BC,AC 的中点，求 D,E 的坐标.

解 点 D 的坐标为 $\left(\frac{4+6}{2},\frac{1+(-3)}{2}\right)=(5,-1)$.

点 E 的坐标为$\left(\frac{2+6}{2},\frac{-1+(-3)}{2}\right)=(4,-2)$.

例 2 已知线段 AB 的中点 M 的坐标为$\left(3,\frac{1}{2}\right)$，端点 A 的坐标为$(4,2)$，求端点 B 的坐标.

解 设点 B 的坐标为(x_2,y_2)，根据中点坐标公式得

$$3=\frac{4+x_2}{2},\ \frac{1}{2}=\frac{2+y_2}{2}.$$

解得 $x_2=2,y_2=-1$.

因此，点 B 的坐标是$(2,-1)$.

二、两点间距离公式

如图 1－33 所示，已知 M 点坐标为(x,y)，则

$$\overrightarrow{OM}=(x,y),$$

所以$|\overrightarrow{OM}|=\sqrt{x^2+y^2}$.

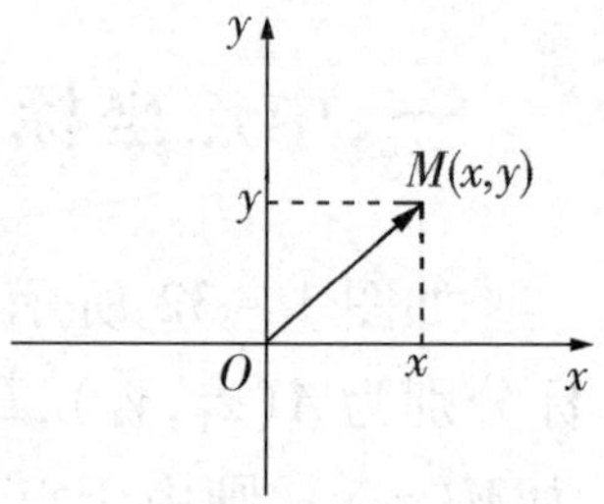

图 1－33

如果已知 A 点坐标为(x_1,y_1)，B 点坐标为(x_2,y_2)，则

$$\overrightarrow{AB}=(x_2-x_1,y_2-y_1).$$

所以 A、B 两点间距离为

$$d=|\overrightarrow{AB}|=\sqrt{(x_2-x_1)^2+(y_2-y_1)^2}.$$

上式叫做**两点间距离公式**.

例 1 求下列各向量的模：

(1)$\boldsymbol{a}=(3,4)$；　　　　(2)$\boldsymbol{b}=(5,-12)$.

解 (1)$|\boldsymbol{a}|=\sqrt{3^2+4^2}=5$；

(2)$|\boldsymbol{b}|=\sqrt{5^2+(-12)^2}=13$.

例 2 求下列两点间的距离：

(1)$A(-3,4)$与 $B(1,-1)$；

(2)$A(-2,0)$与 $B(2,3)$.

解 (1)因为 $\overrightarrow{AB}=(1,-1)-(-3,4)=(4,-5)$，所以

$$\boldsymbol{d}=|\overrightarrow{AB}|=\sqrt{4^2+(-5)^2}=\sqrt{41};$$

(2)$\boldsymbol{d}=|\overrightarrow{AB}|=\sqrt{[2-(-2)]^2+(3-0)^2}=5$.

基础练习

1. 已知$\triangle ABC$的顶点A,B,C的坐标分别为$(2,3),(-3,4),(-1,-5)$. 设D,E,F分别是边BC,AC,AB的中点,求点D,E,F的坐标.

2. 已知两点A,B的坐标分别为$(-2,5),(6,3)$,求线段AB的中点坐标.

3. 求下列各向量的模:

(1)$\boldsymbol{a}=(-6,8)$;

(2)$\boldsymbol{b}=(0,-3)$;

(3)$\boldsymbol{c}=(1,3)$.

4. 求下列两点间的距离:

(1)$A(2,0),B(-1,4)$;　　(2)$A(4,3),B(-3,1)$;

(3)$A(1,1),B(-1,-1)$;　　(4)$A(10,8),B(4,0)$.

提升练习

1. 已知线段MN的中点P的坐标为$(2,-1)$,端点$M(1,5)$,求端点N的坐标.

2. 已知▱$ABCD$的顶点A,B,C的坐标分别为$(1,0),(0,3),(2,-1)$,求两条对角线的交点O的坐标以及顶点D的坐标.

3. 已知$A(1,2),B(4,8)$,点C使得$\overrightarrow{AC}=\frac{1}{2}\overrightarrow{CB}$,求点$C$的坐标.

4. 求与$A(0,8),B(0,4)$距离都是4的点的坐标.

第七节　向量内积的定义和性质

某同学在推小车,示意图如图1-34所示.

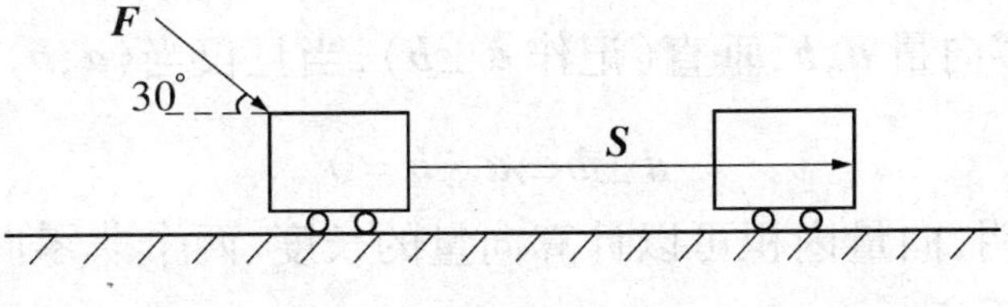

图1-34

水平方向位移为$\boldsymbol{S}$,推力$\boldsymbol{F}$的方向与地面夹角为30°. 由物理学知识可知,他

所做的功 W 等于力 $\boldsymbol{F}$ 在小推车位移方向的分量 $|\boldsymbol{F}|\cos 30^\circ$ 与小车移动的距离 $|\boldsymbol{S}|$ 的乘积：

$$W=|\boldsymbol{F}|\cos 30^\circ\,|\boldsymbol{S}|=|\boldsymbol{F}|\,|\boldsymbol{S}|\cos 30^\circ.$$

上式中，$|\boldsymbol{F}|$ 是推力的大小，30° 是力与位移的夹角，我们把 $|\boldsymbol{F}|\,|\boldsymbol{S}|\cos 30^\circ$ 叫做向量 $\boldsymbol{F}$ 和 $\boldsymbol{S}$ 的数量积.

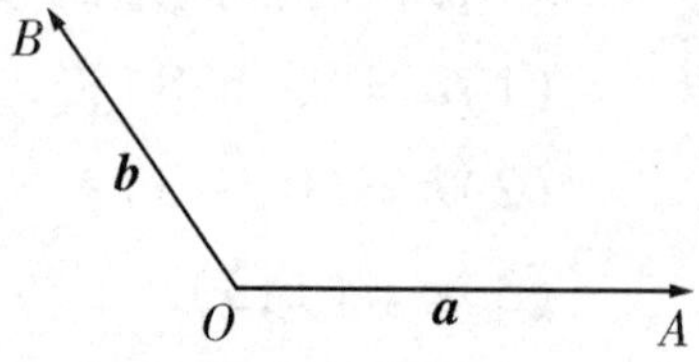

图 1－35

定义 对任意非零向量 $\boldsymbol{a},\boldsymbol{b}$，它们的夹角为 $\langle\boldsymbol{a},\boldsymbol{b}\rangle$，且 $0\leqslant\langle\boldsymbol{a},\boldsymbol{b}\rangle\leqslant\pi$，我们把 $|\boldsymbol{a}|\,|\boldsymbol{b}|\cos\langle\boldsymbol{a},\boldsymbol{b}\rangle$ 叫做**向量 $\boldsymbol{a}$ 与 $\boldsymbol{b}$ 的数量积（或内积）**，记作 $\boldsymbol{a}\cdot\boldsymbol{b}$，读作“$\boldsymbol{a}$ 点乘 $\boldsymbol{b}$”，即

$$\boldsymbol{a}\cdot\boldsymbol{b}=|\boldsymbol{a}|\,|\boldsymbol{b}|\cos\langle\boldsymbol{a},\boldsymbol{b}\rangle.$$

由定义得出，对于任意向量，有

$$\boldsymbol{0}\cdot\boldsymbol{a}=0;\boldsymbol{a}\cdot\boldsymbol{0}=0.$$

例 1 已知 $|\boldsymbol{a}|=5$，$|\boldsymbol{b}|=4$，$\langle\boldsymbol{a},\boldsymbol{b}\rangle=120^\circ$，求 $\boldsymbol{a}\cdot\boldsymbol{b}$.

解
$$\begin{aligned}\boldsymbol{a}\cdot\boldsymbol{b}&=|\boldsymbol{a}|\,|\boldsymbol{b}|\cos\langle\boldsymbol{a},\boldsymbol{b}\rangle\\&=4\times5\times\cos 120^\circ\\&=-10.\end{aligned}$$

向量内积的性质

向量的内积定义中，包含了向量的长度，两个向量的夹角这些度量的概念，因此可以用内积公式来解决一些问题：

（1）对任意向量 $\boldsymbol{a}$，有

$$|\boldsymbol{a}|=\sqrt{\boldsymbol{a}\cdot\boldsymbol{a}}.$$

（2）对于 $\boldsymbol{a}\neq\boldsymbol{0}$，$\boldsymbol{b}\neq\boldsymbol{0}$，有

$$\cos<\boldsymbol{a},\boldsymbol{b}>=\frac{\boldsymbol{a}\cdot\boldsymbol{b}}{|\boldsymbol{a}|\,|\boldsymbol{b}|}.$$

（3）两个非零向量 $\boldsymbol{a},\boldsymbol{b}$，垂直（记作 $\boldsymbol{a}\perp\boldsymbol{b}$），当且仅当 $\langle\boldsymbol{a},\boldsymbol{b}\rangle=\frac{\pi}{2}$ 时有

$$\boldsymbol{a}\perp\boldsymbol{b}\Leftrightarrow\boldsymbol{a}\cdot\boldsymbol{b}=0$$

以上各式表明，向量内积可以计算向量的长度、两个非零向量的夹角以及判断两个向量是否垂直.

例 2 已知 $\boldsymbol{a}\cdot\boldsymbol{b}=-2$，$|\boldsymbol{a}|=1$，$|\boldsymbol{b}|=4$，求 $\langle\boldsymbol{a},\boldsymbol{b}\rangle$.

解 $\cos\langle\boldsymbol{a},\boldsymbol{b}\rangle=\dfrac{-2}{1\times4}=-\dfrac{1}{2}$，因为 $\cos\langle\boldsymbol{a},\boldsymbol{b}\rangle<0$，所以 $\langle\boldsymbol{a},\boldsymbol{b}\rangle$ 为钝角.

又因为

$$\cos\frac{\pi}{3}=\frac{1}{2},$$

所以 $$\langle \boldsymbol{a},\boldsymbol{b}\rangle=\pi-\frac{\pi}{3}=\frac{2\pi}{3}.$$

4)对于任意向量 $\boldsymbol{a},\boldsymbol{b},\boldsymbol{c}$,任意实数 k,有

(1)$\boldsymbol{a}\cdot\boldsymbol{b}=\boldsymbol{b}\cdot\boldsymbol{a}$;

(2)$(k\boldsymbol{a})\cdot\boldsymbol{b}=k(\boldsymbol{a}\cdot\boldsymbol{b})$;

(3)$(\boldsymbol{a}+\boldsymbol{c})\cdot\boldsymbol{b}=\boldsymbol{a}\cdot\boldsymbol{b}+\boldsymbol{c}\cdot\boldsymbol{b}$.

例 3 已知 $|\boldsymbol{a}|=5,|\boldsymbol{b}|=6$,$\boldsymbol{a}$ 与 $\boldsymbol{b}$ 的夹角为 60°,求 $\boldsymbol{a}\cdot\boldsymbol{b}$,$(2\boldsymbol{a}+\boldsymbol{b})\cdot\boldsymbol{b}$,$|\boldsymbol{a}+\boldsymbol{b}|$.

解 $\boldsymbol{a}\cdot\boldsymbol{b}=|\boldsymbol{a}||\boldsymbol{b}|\cos 60^\circ=5\times6\times\frac{1}{2}=15$;

$$\begin{aligned}(2\boldsymbol{a}+\boldsymbol{b})\cdot\boldsymbol{b}&=2\boldsymbol{a}\cdot\boldsymbol{b}+\boldsymbol{b}\cdot\boldsymbol{b}\\&=2\boldsymbol{a}\cdot\boldsymbol{b}+|\boldsymbol{b}|^2\\&=2\times5\times6\times\frac{1}{2}+36\\&=66;\end{aligned}$$

$$\begin{aligned}|\boldsymbol{a}+\boldsymbol{b}|^2&=(\boldsymbol{a}+\boldsymbol{b})\cdot(\boldsymbol{a}+\boldsymbol{b})\\&=\boldsymbol{a}\cdot\boldsymbol{a}+\boldsymbol{a}\cdot\boldsymbol{b}+\boldsymbol{b}\cdot\boldsymbol{a}+\boldsymbol{b}\cdot\boldsymbol{b}\\&=|\boldsymbol{a}|^2+2\boldsymbol{a}\cdot\boldsymbol{b}+|\boldsymbol{b}|^2\\&=25+2\times15+36\\&=91,\end{aligned}$$

因此 $|\boldsymbol{a}+\boldsymbol{b}|=\sqrt{91}$.

基础练习

1. 求 $\boldsymbol{a}\cdot\boldsymbol{b}$:

(1)$|\boldsymbol{a}|=4,|\boldsymbol{b}|=2,\langle\boldsymbol{a},\boldsymbol{b}\rangle=\frac{2\pi}{3}$;

(2)$|\boldsymbol{a}|=3,|\boldsymbol{b}|=6,\langle\boldsymbol{a},\boldsymbol{b}\rangle=\frac{\pi}{4}$;

(3)$|\boldsymbol{a}|=5,|\boldsymbol{b}|=\frac{3}{5},\langle\boldsymbol{a},\boldsymbol{b}\rangle=\pi$.

2. 求 $|\boldsymbol{a}|$:

(1)$\boldsymbol{a}\cdot\boldsymbol{a}=9$; (2)$\boldsymbol{a}\cdot\boldsymbol{a}=\frac{1}{4}$.

3. 已知 $|\boldsymbol{a}|=3,|\boldsymbol{b}|=2,\boldsymbol{a}\cdot\boldsymbol{b}=-3\sqrt{3}$,求 $\langle\boldsymbol{a},\boldsymbol{b}\rangle$.

提升练习

1. 已知$|\boldsymbol{a}|=6$,$|\boldsymbol{b}|=1$,求$|\boldsymbol{a}+\boldsymbol{b}|^2+|\boldsymbol{a}-\boldsymbol{b}|^2$.

2. 已知$|\boldsymbol{a}|=1$,$|\boldsymbol{b}|=6$,$\langle\boldsymbol{a},\boldsymbol{b}\rangle=\dfrac{5\pi}{6}$,求$\boldsymbol{a}\cdot\boldsymbol{b}$,$(\boldsymbol{a}-3\boldsymbol{b})\cdot\boldsymbol{a}$,$|\boldsymbol{a}+\boldsymbol{b}|$.

3. 证明:对于任意向量$\boldsymbol{a}$,$\boldsymbol{b}$都有

$$|\boldsymbol{a}+\boldsymbol{b}|^2+|\boldsymbol{a}-\boldsymbol{b}|^2=2|\boldsymbol{a}|^2+2|\boldsymbol{b}|^2.$$

第八节　用直角坐标计算向量的内积

在平面直角坐标系中,设向量$\boldsymbol{a}$,$\boldsymbol{b}$的坐标分别是(a_1,a_2),(b_1,b_2),$\boldsymbol{e}_1$,$\boldsymbol{e}_2$分别是x轴、y轴上的单位向量.由于$|\boldsymbol{e}_1|=|\boldsymbol{e}_2|=1$,$\boldsymbol{e}_1\cdot\boldsymbol{e}_2=\boldsymbol{e}_2\cdot\boldsymbol{e}_1=0$,因此

$$\begin{aligned}\boldsymbol{a}\cdot\boldsymbol{b}&=(a_1\boldsymbol{e}_1+a_2\boldsymbol{e}_2)\cdot(b_1\boldsymbol{e}_1+b_2\boldsymbol{e}_2)\\&=a_1b_1\boldsymbol{e}_1\cdot\boldsymbol{e}_1+a_1b_2\boldsymbol{e}_1\cdot\boldsymbol{e}_2+a_2b_1\boldsymbol{e}_2\cdot\boldsymbol{e}_1+a_2b_2\boldsymbol{e}_2\cdot\boldsymbol{e}_2\\&=a_1b_1+a_2b_2,\end{aligned}$$

即

$$\boldsymbol{a}\cdot\boldsymbol{b}=a_1b_1+a_2b_2$$

上式表明:在平面直角坐标系下,两个向量的内积等于它们对应坐标的乘积之和.

例1　设$\boldsymbol{a}$,$\boldsymbol{b}$的直角坐标分别为$(3,-2)$,$(-5,4)$,求$\boldsymbol{a}\cdot\boldsymbol{b}$.

解　$\boldsymbol{a}\cdot\boldsymbol{b}=3\times(-5)+(-2)\times4=-23.$

同时,利用直角坐标系下向量的内积,能很容易地解决长度、距离、角度、垂直等度量问题.

设$\boldsymbol{a}$的直角坐标为(a_1,a_2),则

$$|\boldsymbol{a}|=\sqrt{\boldsymbol{a}\cdot\boldsymbol{a}}=\sqrt{a_1^2+a_2^2}.$$

设两点A,B的坐标分别为(x_1,y_1),(x_2,y_2),则向量$\overrightarrow{AB}$的坐标为(x_2-x_1,y_2-y_1),从而A,B的距离为

$$|AB|=|\overrightarrow{AB}|=\sqrt{(x_2-x_1)^2+(y_2-y_1)^2}.$$

这与前面第六节所推结论一致.

设$\boldsymbol{a}$,$\boldsymbol{b}$的直角坐标分别为(a_1,a_2),(b_1,b_2),则

$$\boldsymbol{a}\perp\boldsymbol{b}\Leftrightarrow a_1b_1+a_2b_2=0.$$

设两非零向量$\boldsymbol{a}$,$\boldsymbol{b}$的直角坐标分别为(a_1,a_2),(b_1,b_2),则

$$\cos\langle \boldsymbol{a},\boldsymbol{b}\rangle=\frac{a_1b_1+a_2b_2}{\sqrt{a_1^2+a_2^2}\cdot\sqrt{b_1^2+b_2^2}}.$$

例 2 在平面直角坐标系中，判断下述每一对向量是否垂直：

(1) $\boldsymbol{a}=(0,-2)$，$\boldsymbol{b}=(-1,3)$；

(2) $\boldsymbol{c}=(-1,3)$，$\boldsymbol{d}=(-3,-1)$.

解 (1) $\boldsymbol{a}\cdot\boldsymbol{b}=0\times(-1)+(-2)\times3=-6\neq0$，

因此 $\boldsymbol{a}$ 与 $\boldsymbol{b}$ 不垂直.

(2) $\boldsymbol{c}\cdot\boldsymbol{d}=(-1)\times(-3)+(-1)\times3=0$，

因此 $\boldsymbol{c}$ 与 $\boldsymbol{d}$ 垂直.

例 3 若 $\boldsymbol{a}=(2,m)$，$\boldsymbol{b}=(-1,4)$ 且 $\boldsymbol{a}\perp\boldsymbol{b}$，求 m 的值.

解 由已知，得

$$\boldsymbol{a}\perp\boldsymbol{b}\Leftrightarrow\boldsymbol{a}\cdot\boldsymbol{b}=0,$$

即
$$(2,m)\cdot(-1,4)=0,$$
$$2\times(-1)+4m=0.$$

所以 $m=\dfrac{1}{2}$.

例 4* 已知 $\boldsymbol{a}=(6,-8)$，且 $|\lambda\boldsymbol{a}|=30$，求 λ 的值.

解法Ⅰ 由已知，得

$$\lambda\boldsymbol{a}=\lambda(6,-8)=(6\lambda,-8\lambda),$$

所以
$$|\lambda\boldsymbol{a}|=\sqrt{(6\lambda)^2+(-8\lambda)^2}=10|\lambda|=30.$$

解得
$$|\lambda|=3,$$

即
$$\lambda=\pm3.$$

解法Ⅱ 由已知，得

$$|\boldsymbol{a}|=\sqrt{6^2+(-8)^2}=10,$$

所以
$$|\lambda\boldsymbol{a}|=|\lambda||\boldsymbol{a}|=10|\lambda|=30,$$

解得
$$|\lambda|=3,$$

即
$$\lambda=\pm3.$$

例 5 已知 $\boldsymbol{a},\boldsymbol{b}$ 的直角坐标分别为 $(\sqrt{3},1)$，$(\sqrt{3},0)$，求 $\langle\boldsymbol{a},\boldsymbol{b}\rangle$.

解　$\cos\langle \boldsymbol{a},\boldsymbol{b}\rangle=\dfrac{\sqrt{3}\times\sqrt{3}+1\times 0}{\sqrt{(\sqrt{3})^2+1^2}\sqrt{(\sqrt{3})^2+0^2}}=\dfrac{3}{2\times\sqrt{3}}=\dfrac{\sqrt{3}}{2}$,

因此$\langle \boldsymbol{a},\boldsymbol{b}\rangle=\dfrac{\pi}{6}$.

基础练习

1. 求下列向量的内积：

(1) $\boldsymbol{a}=(-2,4)$, $\boldsymbol{b}=(-3,3)$;

(2) $\boldsymbol{c}=(2,5)$, $\boldsymbol{d}=(6,\dfrac{1}{5})$.

2. 求下列向量的长度：

(1) $\boldsymbol{a}=(5,2)$;　　　(2) $\boldsymbol{b}=(-2,\dfrac{1}{2})$.

3. 判断下列每一对向量是否垂直？

(1) $\boldsymbol{a}=(6,3)$, $\boldsymbol{b}=(-2,4)$;

(2) $\boldsymbol{c}=(4,-2)$, $\boldsymbol{d}=(-1,2)$;

(3) $\boldsymbol{e}=(\dfrac{1}{2},3)$, $\boldsymbol{f}=(2,-\dfrac{4}{3})$;

(4) $\boldsymbol{g}=(x,y)$, $\boldsymbol{h}=(-y,x)$.

4. (1) 已知 $\boldsymbol{a}=(-1,\sqrt{3})$, $\boldsymbol{b}=(3,3\sqrt{3})$, 求$\langle \boldsymbol{a},\boldsymbol{b}\rangle$.

(2) 已知 $\boldsymbol{a}=(1,0)$, $\boldsymbol{b}=(-1,1)$, 求$\langle \boldsymbol{a},\boldsymbol{b}\rangle$.

提升练习

1. 已知 $\boldsymbol{a},\boldsymbol{b}$ 的坐标分别为$(\sqrt{3},-3)$, $(1,\sqrt{3})$, 求$\langle \boldsymbol{a},\boldsymbol{b}\rangle$.

2. 已知 $A(-1,2)$, $B(-8,-5)$, $C(-2,-11)$, 求证：$\triangle ABC$ 是直角三角形.

3. 已知 $\boldsymbol{a}=(2,1)$, $\boldsymbol{b}=(-3,2)$, 求 k 为何值时 $k\boldsymbol{a}-\boldsymbol{b}$ 与 $\boldsymbol{a}+2\boldsymbol{b}$ 垂直.

4. 已知向量 $\boldsymbol{a}=(1,-3)$, $\boldsymbol{b}=(2,-5)$, 求：$\boldsymbol{a}\cdot\boldsymbol{b}$, $(\boldsymbol{a}+\boldsymbol{b})\cdot(\boldsymbol{a}+\boldsymbol{b})$, $(\boldsymbol{a}-\boldsymbol{b})\cdot(\boldsymbol{a}-\boldsymbol{b})$, $(\boldsymbol{a}+\boldsymbol{b})\cdot(\boldsymbol{a}-\boldsymbol{b})$.

5. 已知向量 $\boldsymbol{a}=(1,m)$, $\boldsymbol{b}=(2,-6)$, 若 $\boldsymbol{a}\perp\boldsymbol{b}$, 求 m 的值.

综合训练六

一、填空题

1. 向量有__________和__________两个要素.

2. 与向量 $\boldsymbol{a}$ 的长度__________,并且方向__________的向量叫做 $\boldsymbol{a}$ 的相反向量.

3. $\overrightarrow{AB}+\overrightarrow{BC}=$__________,$\overrightarrow{AD}-\overrightarrow{AB}=$__________.

4. 已知 $\boldsymbol{b}=-2\boldsymbol{a}$,$\boldsymbol{c}=8\boldsymbol{a}$,则 $\boldsymbol{b}=$__________$\boldsymbol{c}$,它表示 $\boldsymbol{b}$ 与 $\boldsymbol{c}$ 的方向__________,$\boldsymbol{b}$ 的大小是 $\boldsymbol{c}$ 的__________倍.

5. $5(3\boldsymbol{a}-\boldsymbol{b})+3(\boldsymbol{b}+2\boldsymbol{a})=$__________.

6. 已知点 $A(5,2)$,$B(6,3)$,则 $\overrightarrow{AB}=$__________,$|\overrightarrow{AB}|=$__________.

7. 已知 $\boldsymbol{a}=(-2,0)$,$\boldsymbol{b}=(0,3)$,则 $\boldsymbol{a}+2\boldsymbol{b}=$__________,$\boldsymbol{a}\cdot\boldsymbol{b}=$__________.

8. 已知 $|\boldsymbol{a}|=3$,$|\boldsymbol{b}|=4$,$\boldsymbol{a}$ 与 $\boldsymbol{b}$ 夹角 $\theta=30^\circ$,则 $\boldsymbol{a}\cdot\boldsymbol{b}=$__________.

9. 已知 $\boldsymbol{a}=(-1,3)$,$\boldsymbol{b}=(6,m)$,且 $\boldsymbol{a}\perp\boldsymbol{b}$,则 $m=$__________.

10. 已知点 $A(2,-1)$,$B(-1,3)$,$C(-2,-5)$,那么 $\overrightarrow{AB}+\overrightarrow{BC}=$__________,$\overrightarrow{AB}\cdot\overrightarrow{BA}=$__________.

二、选择题

1. $\boldsymbol{a}$,$\boldsymbol{b}$ 是两个非零向量,以下结论错误的是(　　)

A. $\boldsymbol{a}\cdot\boldsymbol{b}=1\Leftrightarrow\boldsymbol{a}$ 与 $\boldsymbol{b}$ 互为倒数　　B. $\boldsymbol{a}\cdot\boldsymbol{b}=|\boldsymbol{a}|\cdot|\boldsymbol{b}|\Rightarrow\boldsymbol{a}/\!/\boldsymbol{b}$

C. $\boldsymbol{a}\cdot\boldsymbol{b}=0\Leftrightarrow\boldsymbol{a}\perp\boldsymbol{b}$　　D. $\boldsymbol{b}=\lambda\boldsymbol{a}\Leftrightarrow\boldsymbol{a}/\!/\boldsymbol{b}$

2. 已知 $\overrightarrow{AB}(5,-3)$,$C(-1,3)$,$\overrightarrow{CD}=2\overrightarrow{AB}$,则 D 点的坐标为(　　)

A. $(11,9)$　　B. $(4,0)$

C. $(9,3)$　　D. $(9,-3)$

3. 下列各对向量相互平行的是(　　)

A. $\boldsymbol{a}=(-3,2)$, $\boldsymbol{b}=(-2,3)$　　B. $\boldsymbol{a}=(-3,2)$, $\boldsymbol{b}=(3,2)$

C. $\boldsymbol{a}=(-3,2)$, $\boldsymbol{b}=(-6,4)$　　D. $\boldsymbol{a}=(-3,2)$, $\boldsymbol{b}=(-6,-4)$

4. 已知 $\boldsymbol{a}=(3,x)$, $\boldsymbol{b}=(7,12)$, 且 $\boldsymbol{a}\perp\boldsymbol{b}$, 则 x 等于(　　)

A. $-\frac{7}{4}$　　B. $\frac{7}{4}$

C. $-\frac{7}{3}$　　D. $\frac{7}{3}$

5. 已知 $\boldsymbol{a}=(3,7)$, $\boldsymbol{b}=(5,2)$, $\boldsymbol{a}$ 与 $\boldsymbol{b}$ 夹角为 θ, 则 θ 等于(　　)

A. 60°　　B. 90°

C. 45°　　D. 30°

三、解答题

1. 已知点 $A(2,0)$, $B(5,4)$, $C(1,3)$, $D(6,5)$, 且 $\boldsymbol{a}=\overrightarrow{AB}$, $\boldsymbol{b}=\overrightarrow{CD}$, 求:

(1) $\boldsymbol{a}-\boldsymbol{b}$;

(2) $4\boldsymbol{a}+3\boldsymbol{b}$;

(3) $|\boldsymbol{a}|$;

(4) $\boldsymbol{a}\cdot\boldsymbol{b}$.

2. 已知 $\boldsymbol{a}=(5,-12)$, 且 $|\lambda\boldsymbol{a}|=26$, 求 λ 的值.

3. 已知 $\boldsymbol{a}=(0,1)$, $\boldsymbol{b}=(1,2)$, $\boldsymbol{c}=(-1,0)$, 当 λ 为何值时, $\lambda\boldsymbol{a}+\boldsymbol{c}$ 与 $\boldsymbol{b}$ 垂直.

4. 已知 $|\boldsymbol{a}|=2$, $|\boldsymbol{b}|=\sqrt{2}$, $\boldsymbol{a}$ 与 $\boldsymbol{b}$ 的夹角为 45°, 求 $|\boldsymbol{a}+\boldsymbol{b}|$.

5. 一条船渡河,河水从西向东,流速为 2 km/h,船以 62 km/h 的速度由北向南航行,求船实际航行速度的大小与方向.

6. 已知 $\boldsymbol{a}=(-2,x)$, $\boldsymbol{b}=(4,6)$. 问:

(1) 当 x 为何值时, $\boldsymbol{a}\perp\boldsymbol{b}$?

(2) 当 x 为何值时, $\boldsymbol{a}/\!/\boldsymbol{b}$?

本章小结

本章主要内容是向量的概念、向量的线性运算、向量的坐标表示、向量的数量积及其坐标表示、平面向量基本定理和线段的中点公式.

一、向量的概念和向量的表示方法

1. 向量的概念

向量是具有大小和方向的量.

2. 向量的表示方法

(1)几何方法:用有向线段$\overrightarrow{AB}$表示向量$\boldsymbol{a}$,起点A到终点B的方向表示向量$\boldsymbol{a}$的方向,有向线段$\overrightarrow{AB}$的长度表示向量$\boldsymbol{a}$的大小. 方向相同且大小相等的有向线段表示同一个向量.

(2)代数方法:用坐标表示向量. 在直角坐标系内,$\boldsymbol{i}$, $\boldsymbol{j}$是x轴、y轴上的单位向量,平面内的任一向量$\boldsymbol{a}$可表示成:$\boldsymbol{a}=x\boldsymbol{i}+y\boldsymbol{j}$,即$\boldsymbol{a}=(x,y)$,$|\boldsymbol{a}|=\sqrt{x^2+y^2}$.

二、向量的加法、减法和数乘运算

1. 几何方式

(1)加法:三角形法则、平行四边形法则.

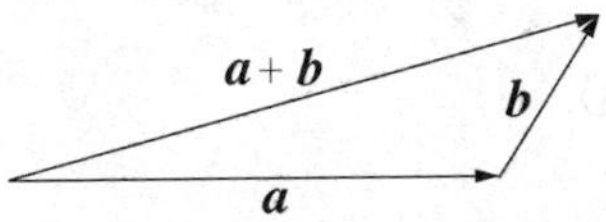

三角形法则

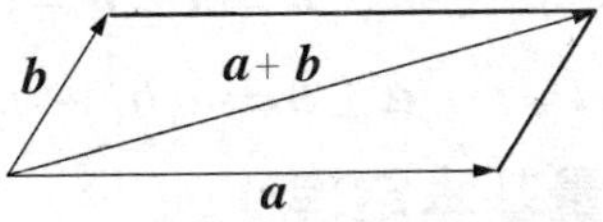

平行四边形法则

(2)减法:

相反向量:与向量$\boldsymbol{a}$大小相等方向相反的向量称为$\boldsymbol{a}$的相反向量,记做$-\boldsymbol{a}$.

$\boldsymbol{a}-\boldsymbol{b}=\boldsymbol{a}+(-\boldsymbol{b})$.

(3)数乘向量$\lambda\boldsymbol{a}$ $\begin{cases}当\lambda>0时,\lambda\boldsymbol{a}与\boldsymbol{a}同向,|\lambda\boldsymbol{a}|=|\lambda|\cdot|\boldsymbol{a}|;\\当\lambda<0时,\lambda\boldsymbol{a}与\boldsymbol{a}反向,|\lambda\boldsymbol{a}|=|\lambda|\cdot|\boldsymbol{a}|;\\当\lambda=0时,\lambda\boldsymbol{a}=\boldsymbol{0}.\end{cases}$

2. 代数方式

(1)设$A(x_1,y_1)$,$B(x_2,y_2)$,则$\overrightarrow{AB}$的坐标为(x_2-x_1,y_2-y_1).

(2)设 $\boldsymbol{a}=(a_1,a_2)$,$\boldsymbol{b}=(b_1,b_2)$,则

$\boldsymbol{a}+\boldsymbol{b}$ 的坐标为 (a_1+b_1,a_2+b_2),

$\boldsymbol{a}-\boldsymbol{b}$ 的坐标为 (a_1-b_1,a_2-b_2),

$\lambda\boldsymbol{a}$ 的坐标为 $(\lambda a_1,\lambda a_2)$.

3. 向量运算满足的运算律

(1)$\boldsymbol{a}+\boldsymbol{b}=\boldsymbol{b}+\boldsymbol{a}$;

(2)$(\boldsymbol{a}+\boldsymbol{b})+\boldsymbol{c}=\boldsymbol{a}+(\boldsymbol{b}+\boldsymbol{c})$;

(3)$\lambda(\mu\boldsymbol{a})=(\lambda\mu)\boldsymbol{a}$;

(4)$(\lambda+\mu)\boldsymbol{a}=\lambda\boldsymbol{a}+\mu\boldsymbol{a}$;

(5)$\lambda(\boldsymbol{a}+\boldsymbol{b})=\lambda\boldsymbol{a}+\lambda\boldsymbol{b}$.

三、向量的数量积

1. 几何方法:$\boldsymbol{a}\cdot\boldsymbol{b}=|\boldsymbol{a}||\boldsymbol{b}|\cos\theta$,其中 θ 是 $\boldsymbol{a}$ 与 $\boldsymbol{b}$ 的夹角.

2. 代数方法:设 $\boldsymbol{a}(a_1,a_2)$,$\boldsymbol{b}(b_1,b_2)$,则 $\boldsymbol{a}\cdot\boldsymbol{b}=a_1b_1+a_2b_2$.

四、两个非零向量平行与垂直的充要条件

若向量 $\boldsymbol{a}$ 与 $\boldsymbol{b}$ 的方向相同或相反,则称 $\boldsymbol{a}$ 与 $\boldsymbol{b}$ 平行.

若向量 $\boldsymbol{a}$ 与 $\boldsymbol{b}$ 的夹角为 90°,则 $\boldsymbol{a}$ 与 $\boldsymbol{b}$ 垂直.

设 $\boldsymbol{a}(a_1,a_2)$,$\boldsymbol{b}(b_1,b_2)$,$a\neq0$,

平行的充要条件:$\boldsymbol{a}/\!/\boldsymbol{b}\Leftrightarrow\boldsymbol{b}=\lambda\boldsymbol{a}$,

$$\boldsymbol{a}/\!/\boldsymbol{b}\Leftrightarrow\frac{b_1}{a_1}=\frac{b_2}{a_2}=\lambda.$$

垂直的充要条件:$\boldsymbol{a}\perp\boldsymbol{b}\Leftrightarrow\boldsymbol{a}\cdot\boldsymbol{b}=0$,

$$\boldsymbol{a}\perp\boldsymbol{b}\Leftrightarrow a_1b_1+a_2b_2=0.$$

五、平面向量基本定理

平面上取定不共线的两个向量 $\boldsymbol{a}$,$\boldsymbol{b}$,则平面上任意一个向量 $\boldsymbol{c}$,可以唯一地表示成 $\boldsymbol{a}$,$\boldsymbol{b}$ 的线性组合

$$\boldsymbol{c}=x\boldsymbol{a}+y\boldsymbol{b},$$

称 $\boldsymbol{a}$,$\boldsymbol{b}$ 是平面的一个基,有序实数对 (x,y) 叫做向量 $\boldsymbol{c}$ 在基 $\boldsymbol{a}$,$\boldsymbol{b}$ 下的坐标.

六、两点间距离公式、中点公式

(1)两点 $P_1(x_1,y_1)$,$P_2(x_2,y_2)$ 间的距离公式是指 $|P_1P_2|=\sqrt{(x_2-x_1)^2+(y_2-y_1)^2}$ 或 $|\overrightarrow{P_1P_2}|=\sqrt{(x_2-x_1)^2+(y_2-y_1)^2}$.

(2)线段中点坐标公式为 $x=\dfrac{x_1+x_2}{2}$,$y=\dfrac{y_1+y_2}{2}$.

第二章

平面解析几何

学习目标

1. 理解直线的倾斜角和斜率的概念，能根据斜率判定两条直线平行或垂直，掌握直线方程的几种形式、两点间的距离公式、点到直线的距离公式，会求两条平行直线间的距离.

2. 掌握圆的标准方程，能根据给定直线、圆的方程，判断直线与圆的位置关系.

3. 掌握椭圆、抛物线、双曲线的定义、标准方程及简单几何性质.

4. 理解数形结合的思想.

数学博客

笛卡尔坐标系的产生

据说有一天，法国哲学家、数学家笛卡尔生病卧床，病情很重，尽管如此，他还反复思考一个问题：几何图形是直观的，而代数方程是比较抽象的，能不能把几何图形与代数方程结合起来，也就是说能不能用几何图形来表示方程呢？要想达到此目的，关键是如何把组成几何图形的点和满足方程的每一组"数"挂上钩，他苦苦思索，拼命琢磨，通过什么样的方法，才能把"点"和"数"联系起来．突然，他看见屋顶角上的一只蜘蛛，拉着丝垂了下来，一会儿功夫，蜘蛛又顺着丝爬上去，在上边左右拉丝．蜘蛛的"表演"使笛卡尔的思路豁然开朗．他想，可以把蜘蛛看做一个点，它在屋子里可以上、下、左、右运动，能不能把蜘蛛的每个位置用一组数确定下来呢？他又想，屋子里相邻的两面墙与地面交出了三条线，如果把地面上的墙角作为起点，把交出来的三条线作为三根数轴，那么空间中任意一点的位置就可以在这三根数轴上找到有顺序的三个数.

第一节 直线的点向式方程

一、点向式方程

一个点和一个方向向量可以决定一条直线，而方向可以用非零的向量来表示. 因此，一个点和一个非零向量可以决定一条直线.

如果一个非零向量 $\boldsymbol{v}$ 的方向与直线 l 的方向相同，那么称 $\boldsymbol{v}$ 是 l 的一个方向向量. 显然，如果 $\boldsymbol{v}$ 是 l 的一个方向向量，那么，$2\boldsymbol{v}$, $-\boldsymbol{v}$, $-2\boldsymbol{v}$, $\cdots$, $k\boldsymbol{v}$ 都是 l 的方向向量，其中 k 是任意实数.

如图 2－1 所示，在平面上任取一个直角坐标系 xOy，设 $M(x_0, y_0)$ 是直线 l 上一个点，$\boldsymbol{v}(v_1, v_2)$ 是 l 的一个方向向量.

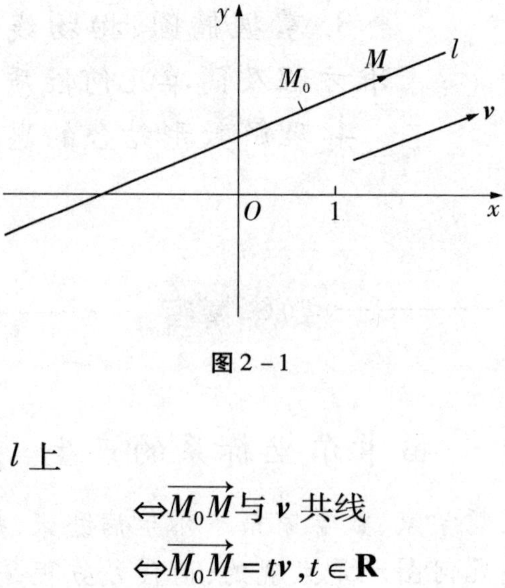

图 2－1

点 $M(x, y)$ 在直线 l 上

$$\Leftrightarrow \overrightarrow{M_0M} 与 \boldsymbol{v} 共线$$

$$\Leftrightarrow \overrightarrow{M_0M} = t\boldsymbol{v}, t \in \mathbf{R} \quad ①$$

$$\Leftrightarrow \begin{cases} x - x_0 = tv_1, \\ y - y_0 = tv_2, \end{cases} t \in \mathbf{R}.$$

由于 $\boldsymbol{v} \neq \mathbf{0}$，所以 v_1, v_2 不全为零. 当 $v_1 \neq 0, v_2 \neq 0$ 时，

由①式得
$$\begin{cases} t = \dfrac{x - x_0}{v_1}, \\ t = \dfrac{y - y_0}{v_2}. \end{cases}$$

由以上可得
$$\frac{x - x_0}{v_1} = \frac{y - y_0}{v_2} \quad ②$$

当 v_1 和 v_2 中有一个为 0 时，可以得到

$$x-x_0=0 \text{ 或 } y-y_0=0 \qquad ③$$

为了使③式能统一到②式上去，我们约定：当②式中某一个分式的分母为 0 时，就表示分子也为 0.

综上所述，点 $M(x,y)$ 在直线 l 上，当且仅当它的坐标满足

$$\frac{x-x_0}{v_1}=\frac{y-y_0}{v_2},$$

其中，(x_0,y_0) 是直线上一点 M_0 的坐标，(v_1,v_2) 是直线 l 的一个方向向量 $\boldsymbol{v}$ 的坐标，我们把上式叫做直线 l 的**点向式方程**.

例 1 分别说出下列直线经过的一个点和它的一个方向向量的坐标.

(1) $\dfrac{x-2}{2}=\dfrac{y-\frac{1}{2}}{3}$；　　(2) $\dfrac{x}{-2}=\dfrac{y+1}{0}$.

解 (1) 点 $M_0\left(2,\dfrac{1}{2}\right)$，方向向量 $\boldsymbol{v}(2,3)$；

(2) 点 $M_0(0,-1)$，方向向量 $\boldsymbol{v}(-2,0)$.

例 2 已知直线经过点 $M_0(-2,1)$，一个方向向量为 $\boldsymbol{v}(3,-1)$，写出直线的点向式方程.

解 直线的点向式方程为

$$\frac{x+2}{3}=\frac{y-1}{-1}.$$

二、两点式方程

初中学过两点可以确定一条直线，设直线经过两个不同的点 $M_1(x_1,y_1)$，$M_2(x_2,y_2)$，如图 2－2 所示，我们一起来研究如何写出直线的方程.

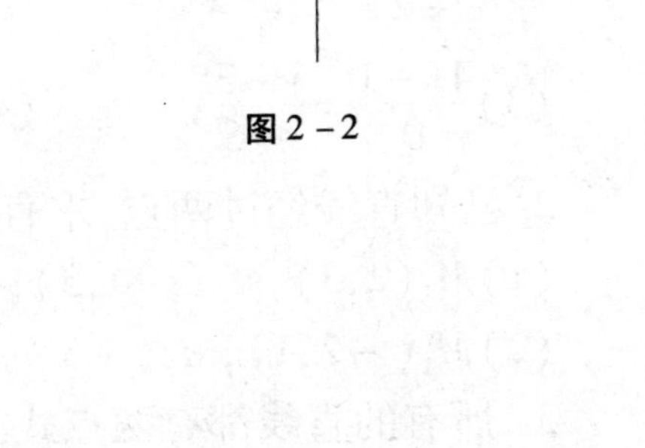

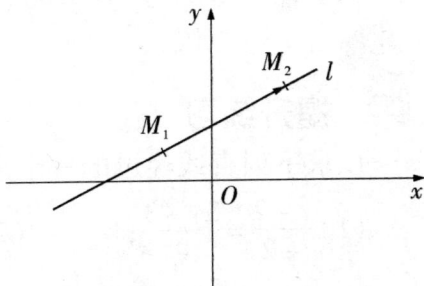

图 2－2

由上述条件得，直线 l 的一个方向向量为 $\overrightarrow{M_1M_2}$，它的坐标为 (x_2-x_1,y_2-y_1)，又直线经过点 $M_1(x_1,y_1)$，于是根据直线的点向式方程，可以立即写出 l 的方程为

$$\frac{x-x_1}{x_2-x_1}=\frac{y-y_1}{y_2-y_1}$$

我们把上式叫做直线的**两点式方程**.

例 已知直线经过两点 $M_1(-1,2)$, $M_2(3,4)$，求直线的方程.

解 直线的方程为

$$\frac{x+1}{3-(-1)}=\frac{y-2}{4-2},$$

即
$$\frac{x+1}{4}=\frac{y-2}{2}.$$

注 从直线的点向式和两点式方程，可抽象出直线方程的概念：

在平面直角坐标系 xOy 上的直线 l 和关于 x, y 的一个方程，如果满足下面两个条件：

(1) 直线 l 上任意一点的坐标都是这个方程的解；

(2) 以这个方程的解为坐标的点都在直线 l 上；

那么这个方程叫做直线的方程. 这条直线叫做方程的直线.

基础练习

1. 分别说出下列直线 l 经过的一个点 M_0 和方向向量 $\boldsymbol{v}$ 的坐标：

(1) $\dfrac{x-2}{3}=\dfrac{y+1}{2}$；　　(2) $\dfrac{x+1}{0}=\dfrac{y-5}{-5}$；

(3) $\dfrac{x+3}{4}=\dfrac{y-7}{0}$；　　(4) $x-5=\dfrac{y+2}{6}$.

2. 已知直线 l 经过一个点 M_0，方向向量为 $\boldsymbol{v}$，写出 l 的点向式方程：

(1) $M_0(1,-1)$, $\boldsymbol{v}(1,3)$；　　(2) $M_0(-2,3)$, $\boldsymbol{v}(-2,5)$；

(3) $M_0(3,-4)$, $\boldsymbol{v}(0,5)$；　　(4) $M_0(5,-4)$, $\boldsymbol{v}(-4,0)$.

3. 已知直线 l 经过两点 M_1, M_2，求直线 l 的方程：

(1) $M_1(-3,5)$, $M_2(0,0)$；　　(2) $M_1(-3,2)$, $M_2(0,5)$.

提升练习

1. 求下列直线经过的一个点 M_0 和一个方向向量 $\boldsymbol{v}$ 的坐标：

(1) $\dfrac{x-2}{-2}=\dfrac{3y-3}{4}$；　　(2) $\dfrac{2x+1}{3}=\dfrac{2y+1}{-2}$；

(3) $\dfrac{4x-1}{0}=\dfrac{y-3}{-6}$；　　(4) $\dfrac{2x-7}{3}=\dfrac{3x+6}{4}$.

2. 已知直线经过两点，求直线的方程：

(1) $M_1(2,3)$, $M_2(-4,5)$；

(2) $M_1(-2,1)$, $M_2(-3,-2)$.

3. 所有的直线都有两点式方程吗？为什么？

第二节 直线的倾角和斜率

在平面直角坐标系中,一条与 x 轴相交的直线 l 有两个方向:向上方向和向下方向. 如图 2 - 3 所示,直线 l 向上的方向与 x 轴的正方向所成的最小正角 α 叫做**直线的倾斜角**.

当直线与 x 轴平行或重合时,规定 $\alpha=0$. 因此倾斜角的取值范围是 $0\leqslant\alpha<\pi$. 并且 α 的大小反映了直线倾斜的程度,当 $\alpha\neq\frac{\pi}{2}$时,我们把 $\tan\alpha$ 叫做**直线的斜率**,通常记作 k,即

$$k=\tan\alpha\left(\alpha\neq\frac{\pi}{2}\right).$$

倾角为$\frac{\pi}{2}$的直线没有斜率,这时它与 y 轴平行或重合,直线上的横坐标都相同.

在平面直角坐标中,如果已知两点 $M_1(x_1,y_1)$,$M_2(x_2,y_2)$,那么,M_1,M_2 就确定了一条直线 M_1M_2,当该直线的倾斜角不等于$\frac{\pi}{2}$时,可以求出经过已知两点 $M_1(x_1,y_1)$,$M_2(x_2,y_2)$的直线的斜率,即

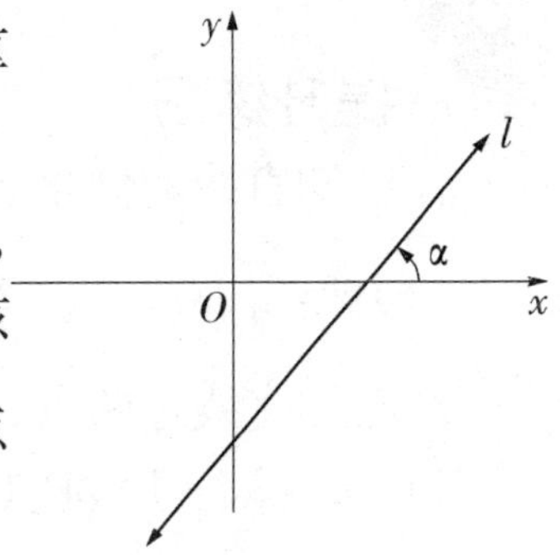

图 2 - 3

$$k=\frac{y_2-y_1}{x_2-x_1}\quad(x_2\neq x_1).$$

上式是已知直线上两点求直线斜率的公式. 当 $x_1=x_2$ 时,直线与 x 轴垂直,斜率不存在.

例 已知直线 l 经过两点,求直线的斜率 k 和倾斜角 α.

(1) $M_1(2,9)$,$M_2(-5,2)$;

(2) $N_1(4,-3)$,$N_2(3,-3+\sqrt{3})$.

解 (1) 根据直线的斜率公式,得

$$k=\frac{2-9}{-5-2}=1,$$

即

$$\tan\alpha=1.$$

从而,直线的倾斜角 $\alpha=\frac{\pi}{4}$.

(2) 根据直线的斜率公式,得

$$k=\frac{-3+\sqrt{3}+3}{3-4}=-\sqrt{3},$$

即 $$\tan\alpha = -\sqrt{3}.$$

从而,直线的倾斜角 $\alpha = \frac{2\pi}{3}$.

基础练习

1. 已知直线 l 经过两点 M_1,M_2,求直线 l 的斜率 k 和倾斜角 α:

(1)$M_1(-2,3),M_2(0,1)$;

(2)$M_1(5,-3),M_2(7,1)$;

(3)$M_1(1,2),M_2(4,2+\sqrt{3})$.

2. 所有直线都有斜率正确吗? 为什么?

3. 已知直线的斜率是 -1,求直线的倾斜角.

提升练习

1. 已知直线的倾角 α,求直线的斜率 k:

(1)$\alpha = \frac{\pi}{3}$;　　(2)$\alpha = \frac{5\pi}{6}$.

2. 已知直线过两点,求直线的斜率和倾斜角:

(1)$M_1(2,-1),M_2(-4,5)$;

(2)$M_1(\sqrt{3}+1,\sqrt{3}-1),M_2(1,\sqrt{3})$.

第三节　直线方程的点斜式和斜截式

一、点斜式方程

如图 2-4 所示,在平面直角坐标系中,已知直线 l 经过一个点 $P_0(x_0,y_0)$,且直线 l 的斜率为 k. 我们如何求出直线的方程?

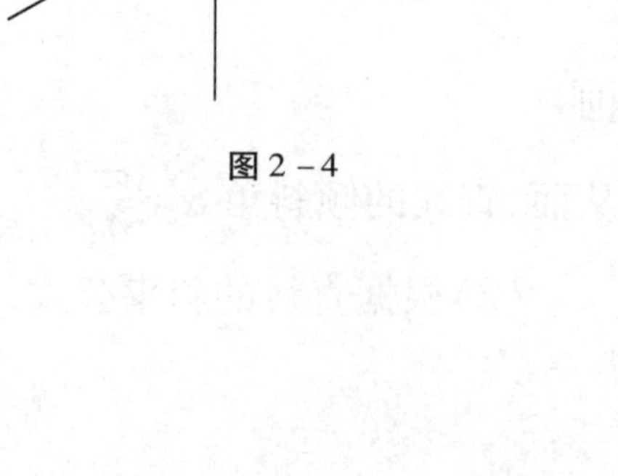

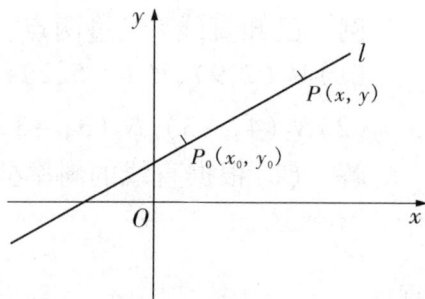

图 2-4

设点 $P(x,y)$ 是直线 l 上不同于点 P_0 的任意一点,由过两点的直线斜率公式,得

$$k = \frac{y-y_0}{x-x_0}.$$

上式可化为

$$y-y_0=k(x-x_0). \quad ①$$

显然，直线 l 上点的坐标都满足方程①；同时，满足方程①的点都在直线 l 上，所以方程①就是所求直线 l 的方程.

由于这个方程式是由 l 上一点 $P_0(x_0,y_0)$ 和 l 的斜率所确定的，所以方程①叫做**直线的点斜式方程**.

例 已知直线 l 经过点 $M_0(-1,5)$，倾角 $\alpha=\frac{3\pi}{4}$，求 l 的点斜式方程.

解 l 的斜率 $$k=\tan\frac{3\pi}{4}=-1,$$

因此，直线 l 的点斜式方程为

$$y-5=-(x+1).$$

当直线 l 的倾斜角为 90° 时，直线没有斜率. 这时直线 l 平行于 y 轴（或重合于 y 轴），它的方程不能用点斜式表示. 如果直线 l 经过点 $P_0(x_0,y_0)$，则 l 上的每一点的横坐标都等于 x_0，所以它的方程为

$$x=x_0.$$

二、斜截式方程

当直线 l 有斜率且不为 0 时，直线 l 在坐标系中同时与 x 轴、y 轴相交，如图 2－5所示.

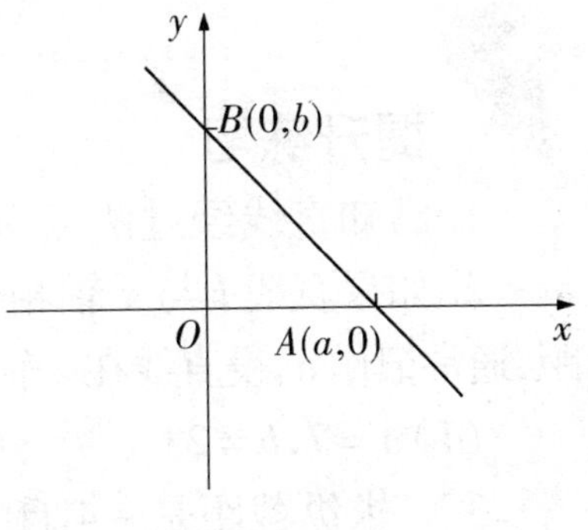

图 2－5

当直线 l 与 y 轴相交于点 $B(0,b)$ 时，则称 b 为直线 l 在 y 轴上的**纵截距**.

已知直线 l 经过点 $B(0,b)$，斜率为 k，则其点斜式方程为

$$y-b=k(x-0),$$

即 $$y=kx+b. \quad ②$$

于是，我们把方程②称为**直线的斜截式方程**.

其中，k 是直线的斜率，b 是直线 l 在 y 轴上的**截距**.

例 1 直线 l 经过点 $P(0,-4)$，且斜率 k 为 3，求直线的方程.

解 由已知条件，得

$$k=3, b=-4,$$

因此直线的方程为

$$y=3x-4.$$

例2　已知一条直线的倾斜角为 120°，其纵截距与直线 $y=2x-1$ 的纵截距相同，求这条直线的方程.

解　由已知 $k=\tan 120^\circ=-\sqrt{3}$，由 $y=2x-1$ 可得

$$b=-1,$$

代入斜截式方程，得

$$y=-\sqrt{3}x-1,$$

即为所求直线方程.

基础练习

1. 已知直线 l 经过一点 P_0，且斜率为 k，求直线 l 的点斜式方程：

(1) $P_0(3,-3)$，$k=\dfrac{1}{3}$；　　(2) $P_0(2,-1)$，$k=-3$；

(3) $P_0\left(1,\dfrac{1}{2}\right)$，$k=-2$；　　(4) $P_0(-2,4)$，$k=0$.

2. 已知直线 l 经过点 $P(3,-1)$，倾斜角为 $\dfrac{\pi}{4}$，求点斜式方程.

3. 已知直线 l 的斜率为 k，在 y 轴上的截距为 b，求 l 的方程：

(1) $k=3$，$b=-\dfrac{1}{2}$；　　(2) $k=-\sqrt{3}$，$b=2$.

提升练习

1. 已知直线经过两点 $M_1(1,5)$，$M_2(-2,3)$，求直线的斜截式方程.

2. 如果直线 l 与 x 轴相交，则把 l 与 x 轴的交点的横坐标叫做 l 在 x 轴上的截距，通常记作 a，设直线在 x 轴，y 轴上的截距分别为 a，b，且 $ab\neq 0$，求直线 l 的方程.

(1) $a=7$，$b=2$；　　(2) $a=-2$，$b=5$.

3*. 求纵截距是 -4 且与坐标轴围成的三角形的面积为 20 的直线方程.

4*. 求和直线 $\dfrac{x}{-4}+\dfrac{y}{6}=1$ 关于 y 轴对称的直线方程.

第四节　直线方程的一般式

在平面直角坐标系中，任意一条直线 l，设它经过点 $M_0(x_0,y_0)$，它的一个方向向量为 $\boldsymbol{v}(v_1,v_2)$，则 l 的点向式方程是

$$\frac{x-x_0}{v_1}=\frac{y-y_0}{v_2}.\quad ①$$

由此看出,任意一条直线的方程都是关于 x,y 的一次方程.

反之,关于 x,y 的一次方程

$$Ax+By+C=0\quad (A,B\text{ 不全为零})\quad ②$$

是否表示一条直线?

(1)当 $A\neq 0,B\neq 0$,由②式移项得

$$Ax+C=-By,$$

将上式两边同除以 $-AB$,得

$$\frac{x+\frac{C}{A}}{-B}=\frac{y}{A}.\quad ③$$

由此看出上式表示过点 $M\left(-\frac{C}{A},0\right)$,方向向量为 $\boldsymbol{v}(-B,A)$ 的一条直线.

(2)当 $A\neq 0,B=0$ 时,由②式得

$$x=-\frac{C}{A}.$$

此时可看出方程②表示与 y 轴平行或重合的一条直线.

(3)当 $A=0,B\neq 0$ 时,由②式,得

$$y=-\frac{C}{B},$$

此时可看出方程②表示与 x 轴平行或重合的一条直线.

综上所述,关于 x,y 的一次方程表示一条直线,它的一个方向向量为 $\boldsymbol{v}(-B,A)$.

因此,把 $Ax+By+C=0$(A,B 不全为零)叫做**直线 l 的一般式方程**,它的一个方向向量为 $\boldsymbol{v}=(-B,A)$.

例 1 写出下列直线 l 的一个方向向量 $\boldsymbol{v}$:

(1)$2x+3y-5=0$; (2)$y=5$.

解 (1)因为 $A=2,B=3$,所以直线 l 的一个方向向量为 $\boldsymbol{v}(-3,2)$;

(2)将方程化成一般式:$y-5=0$,因此,直线 l 的一个方向向量为 $\boldsymbol{v}(-1,0)$.

例 2 已知直线 l 经过点 $M_0(4,-2)$,斜率为 -2,求直线 l 的一般式方程.

解 由于直线 l 过点 $M_0(4,-2)$,斜率为 -2,则直线 l 的方程为

$$y+2=-2(x-4).$$

化成一般式为

$$2x+y-6=0.$$

例3 已知直线 l 的方程为 $2x+3y-6=0$，求直线 l 的斜率 k，纵截距 b，并画出直线 l.

解 将方程化成斜截式为

$$y=-\frac{2}{3}x+2.$$

因此，直线的斜率为 $-\frac{2}{3}$，纵截距为 2.

在方程 $2x+3y-6=0$ 中，令 $x=0$，得 $y=2$；令 $y=0$，得 $x=3$. 因此直线过点 $M_1(0,2)$，$M_2(3,0)$，图像如图 2－6 所示.

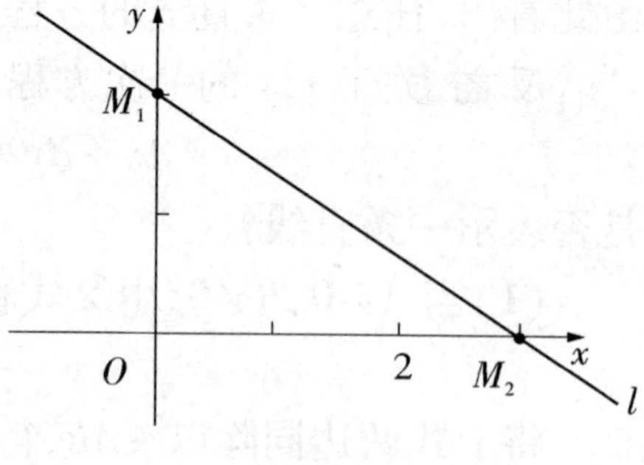

图 2－6

基础练习

1. 写出下列直线 l 的一个方向向量 $\boldsymbol{v}$：

(1) $5x-4y+2=0$；　　(2) $3x+4y+5=0$；

(3) $\frac{1}{2}x+4=0$；　　(4) $y=2$.

2. 求下列直线的斜率和在 y 轴上的截距：

(1) $2x-y+7=0$；　　(2) $4x+5y+2=0$；

(3) $5y+2=0$；　　(4) $y=0$.

3. 已知直线经过两点 $(3,-1)$ 和 $(2,-2)$，求直线的一般式方程及其斜率、倾斜角、纵截距、横截距，并作图.

提升练习

1. 求下列直线的方程，并化成一般式：

(1) 经过 $M_0\left(\frac{1}{3},2\right)$，一个方向向量 $\boldsymbol{v}(0,2)$；

(2) 经过两点 $M_1(1,-5)$，$M_2(2,-3)$；

(3) 经过点 $P(4,-3)$，斜率为 2；

(4) 倾角为 $\frac{2\pi}{3}$，在 y 轴上截距为 $\frac{1}{3}$；

(5) 经过点 $M(3,2)$，平行于 y 轴.

2. 下列每对直线的方向向量是否垂直？

(1) $2x-7y+3=0$，$7x+2y-5=0$；

(2) $3x+4y-1=0$，$4x-3y+9=0$.

3. 已知点 $A(-2,a)$ 在直线 $x+2y-6=0$ 上，求 a 的值.

第五节 平面上两条直线的位置关系

平面上两条直线的位置关系有 3 种可能:**平行、重合、相交**.

一、根据斜截式判定

如图 2-7 所示,在平面直角坐标系中,若 l_1 和 l_2 都有斜率,设直线 l_1 和 l_2 的方程分别为

$$l_1: y_1 = k_1 x + b_1,$$
$$l_2: y_2 = k_2 x + b_2.$$

且两直线的倾斜角分别为 α_1, α_2.

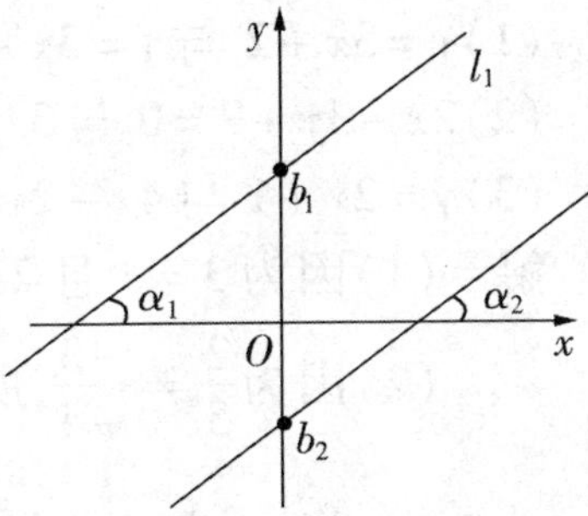

图 2-7

如果 $l_1 // l_2$,则直线 l_1 与 l_2 的倾斜角相等,即

$$\alpha_1 = \alpha_2,$$

所以 $$\tan\alpha_1 = \tan\alpha_2,$$

即 $$k_1 = k_2,$$

因此,若 $l_1 // l_2$,则 $k_1 = k_2$.

反过来,当 $k_1 = k_2$ 时,

若 $b_1 = b_2$,则直线 l_1 与 l_2 重合;

若 $b_1 \neq b_2$,则直线 l_1 与 l_2 平行.

若 l_1 与 l_2 不平行,则 $k_1 \neq k_2$.

当 $k_1 \neq k_2$ 时,则直线 l_1 与 l_2 相交. 即

$l_1 // l_2 \Leftrightarrow k_1 = k_2$ 且 $b_1 \neq b_2$,

l_1 与 l_2 重合 $\Leftrightarrow k_1 = k_2$ 且 $b_1 = b_2$,

l_1 与 l_2 相交 $\Leftrightarrow k_1 \neq k_2$.

二、根据一般式判定

设直线方程为

l_1: $A_1 x + B_1 y + C_1 = 0$ (A_1, B_1 不全为 0),

l_2: $A_2 x + B_2 y + C_2 = 0$ (A_2, B_2 不全为 0),

化成斜截式为

$$l_1:\quad y = -\frac{A_1}{B_1}x - \frac{C_1}{B_1},$$

$$l_2:\quad y=-\frac{A_2}{B_2}x-\frac{C_2}{B_2}.$$

用前面的判断方法可得：

$$\frac{A_1}{A_2}=\frac{B_1}{B_2}\neq\frac{C_1}{C_2}\Rightarrow l_1 /\!/ l_2,$$

$$\frac{A_1}{A_2}=\frac{B_1}{B_2}=\frac{C_1}{C_2}\Rightarrow l_1 \text{ 与 } l_2 \text{ 重合},$$

$$\frac{A_1}{A_2}\neq\frac{B_1}{B_2}\Rightarrow l_1 \text{ 与 } l_2 \text{ 相交}.$$

例 1 判断下列各组直线的位置关系.

(1) $y=3x+2$ 与 $y=3x-5$；

(2) $2x-3y+7=0$ 与 $3x-4y+1=0$；

(3) $y=2x+1$ 与 $4x-2y+2=0$.

解 (1) 因为 $3=3$ 且 $2\neq-5$，所以这组直线平行；

(2) 因为 $\frac{2}{3}\neq\frac{-3}{-4}$，所以这组直线相交；

(3) 将 $y=2x+1$ 化成一般式 $2x-y+1=0$，因为 $\frac{2}{4}=\frac{-1}{-2}=\frac{1}{2}$，所以这组直线重合.

例 2 求过点 $P(-2,3)$，且与直线 $3x-5y+1=0$ 平行的直线方程.

解 由题意可设 l 的方程为

$$3x-5y+C=0,$$

由于点 $P(-2,3)$ 在直线 l 上，因此有

$$3\cdot(-2)-5\cdot3+C=0.$$

解得

$$C=21.$$

从而 l 的方程为

$$3x-5y+21=0.$$

例 3 已知平面上直线 l_1 与 l_2 的方程分别是 $2x+5y+1=0$，$3x-4y-10=0$，判断 l_1 与 l_2 是否相交；如果相交，求它们的交点.

解 因为 $\frac{2}{3}\neq\frac{5}{-4}$，所以 l_1 与 l_2 相交，因此联立方程得方程组

$$\begin{cases}2x+5y+1=0,\\3x-4y-10=0,\end{cases}$$

解得

$$\begin{cases}x=2,\\y=-1.\end{cases}$$

因此，l_1 与 l_2 的交点是 $M(2,-1)$.

基础练习

1. 判断下列各对直线的位置关系：

(1) $x+3y+7=0$ 与 $2x+6y+5=0$；

(2) $x+2y+4=0$ 与 $2x+4y+8=0$；

(3) $2x-3y+5=0$ 与 $3x+4y-2=0$；

(4) $2x+3=0$ 与 $3y-5=0$.

2. 求经过点 $P(1,-3)$，且平行于直线 $2x+3y-2=0$ 的直线.

3. 判断下列各对直线是否相交；如果相交，求出它们的交点：

(1) $3x+5y+1=0$ 与 $4x+3y+5=0$；

(2) $x+y-1=0$ 与 $2x+5y+4=0$；

(3) $2x+3y+1=0$ 与 $4x+6y+5=0$；

(4) $x+3=0$ 与 $y-4=0$.

提升练习

1. 已知直线 $2x+y=3m$ 与直线 $x+3y=2m-3$ 的交点在第四象限，求常数 m 的取值范围.

2. 求过直线 $2x-3y-3=0$ 与 $3x+2y+2=0$ 的交点，且与直线 $4x+y-3=0$ 平行的直线方程.

3. 已知直线 $ax-2y+1=0$ 与直线 $2x-ay+3=0$ 平行，求 a 的值.

第六节　平面上两条直线垂直的条件

在平面直角坐标系中，设直线 l_1 与 l_2 的方程分别为

$$A_1x+B_1y+C_1=0\ (A_1,B_1 \text{ 不全为 } 0),$$

$$A_2x+B_2y+C_2=0\ (A_2,B_2 \text{ 不全为 } 0),$$

则 l_1 与 l_2 的一个方向向量分别为

$$\boldsymbol{v}_1(-B_1,A_1),\boldsymbol{v}_2(-B_2,A_2).$$

直线 l_1 与 l_2 垂直

即

$$\boldsymbol{v}_1\perp\boldsymbol{v}_2$$

$$\Leftrightarrow \boldsymbol{v}_1\cdot\boldsymbol{v}_2=0$$

$$\Leftrightarrow(-B_1)(-B_2)+A_1A_2=0$$

$$\Leftrightarrow A_1A_2+B_1B_2=0.$$

因此

$$l_1\perp l_2 \Leftrightarrow A_1A_2+B_1B_2=0$$

平面上两条直线**垂直的充分必要条件**是：它们的方程的**一次项的对应系数的乘积之和等于零.**

同时我们如何根据直线的斜截式方程来判断两条直线垂直的充要条件呢？

设两直线分别有斜率，则它们有斜截式方程

$$l_1:\quad y=k_1x+b_1,\ l_2:\quad y=k_2x+b_2.$$

化成一般式：

$$l_1:\quad k_1x-y+b_1=0,\ l_2:\quad k_2x-y+b_2=0.$$

根据上面方法得

$$l_1\perp l_2\Leftrightarrow k_1k_2+(-1)(-1)=0,$$

即
$$l_1\perp l_2\Leftrightarrow k_1k_2=-1 \text{ 或 } l_1\perp l_2\Leftrightarrow k_2=-\frac{1}{k_1}.$$

平面上两条**有斜率的直线垂直**的充要条件是：它们的**斜率的乘积等于** -1.

例 1 判断下列各对直线是否垂直：

(1) $2x+3y-5=0$ 与 $3x-2y+6=0$；

(2) $2x+5=0$ 与 $3y-7=0$.

解 (1) 因为 $2\cdot3+3\cdot(-2)=0$，所以这对直线垂直.

(2) 因为 $2\cdot0+0\cdot3=0$，所以这对直线垂直.

例 2 求经过点 $P(1,3)$，且与直线 $3x-y+2=0$ 垂直的直线方程.

解 将 $3x-y+2=0$ 化成斜截式得

$$y=3x+2.$$

因此，它的斜率是 3，于是与它垂直的直线的斜率是 $-\frac{1}{3}$.

从而所求直线的方程为

$$y-3=-\frac{1}{3}(x-1),$$

即
$$x+3y-10=0.$$

例 3 图 2-8 所示为某工件的一部分，DB 弧是圆心在 O 点、半径为 5 的圆弧. AB 为直线段，和 DB 弧切于 $B(3,4)$ 点，$OC\perp OD$，并交 AB 于 C 点. 求圆弧中心 O 到 C 点的距离.

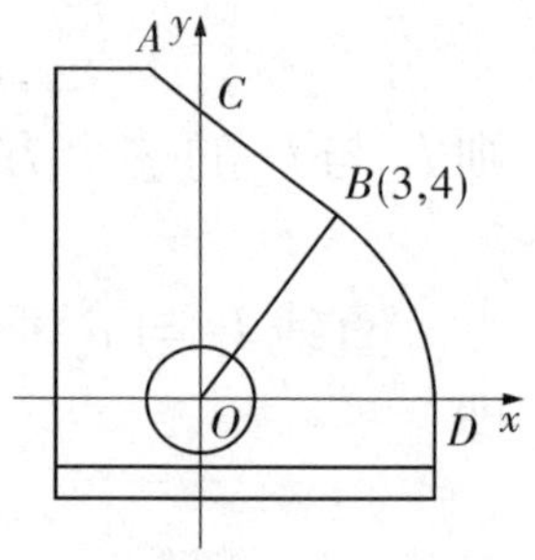

图 2-8

解 建立如图所示的直角坐标系. 求 OC 长就是求线段 AB 在 y 轴上的截距，只要求出线段 AB 所在的直线的方程即可.

因为直线 OB 的斜率为

$$k_{OB}=\frac{4}{3},$$

所以直线 AB 的斜率为

$$k_{AB}=-\frac{1}{k_{OB}}=-\frac{3}{4}.$$

又因直线 AB 过点 $B(3,4)$，由斜截式得直线 AB 方程为

$$y-4=-\frac{3}{4}(x-3),$$

即

$$y=-\frac{3}{4}x+\frac{25}{4}.$$

所以

$$OC=\frac{25}{4}=6.25,$$

即圆弧中心 O 到 C 的距离为 6.25.

基础练习

1. 判断下列各对直线是否垂直：

(1) $7x+3y+2=0$ 与 $-3x+7y+5=0$；

(2) $2x+5y+3=0$ 与 $-2x+y-2=0$；

(3) $3x-5=0$ 与 $2y+1=0$；

(4) $y=-\frac{1}{3}x+5$ 与 $y=3x+4$；

(5) $y=\frac{\sqrt{3}}{3}x-2$ 与 $y=\sqrt{3}x+5$.

2. 求分别适合下列条件的直线的方程：

(1) 经过点 $P(-1,3)$ 且与直线 $x-2y+1=0$ 垂直的直线方程；

(2) 经过点 $P(3,-5)$ 且与直线 $2x+5y-2=0$ 垂直的直线方程.

3. 已知 $\triangle ABC$ 的三个顶点的坐标分别为 $A(0,0)$，$B(3,4)$，$C(4,3)$，判断三角形是否为直角三角形.

提升练习

1. 设两点 $A(-2,3)$，$B(6,-1)$，求线段 AB 的垂直平分线的方程.

2. 设三点 $A(-3,0)$，$B(1,2)$，$C(-1,3)$，求三角形 ABC 的边 AB 上的高线所在直线的方程.

3. 已知直线 $ax+2y=0$ 与 $2x+3y=0$ 垂直，求 a 的值.

4*. 给定直线 $l_1: 3x+2y+1=0$，$l_2: 2x-3y+5=0$，$l_3: 6x-2y+5=0$. 求过 l_1 与 l_2 的交点且与 l_3 垂直的直线方程.

第七节 点到直线的距离

如图 2－9 所示，某人（点 A）要以最短的距离走到前方的公路上，应该怎么走？很明显，这个人所走的路线应与公路垂直. 这条垂直线段的长度就是这个人（点）到公路（直线）的距离.

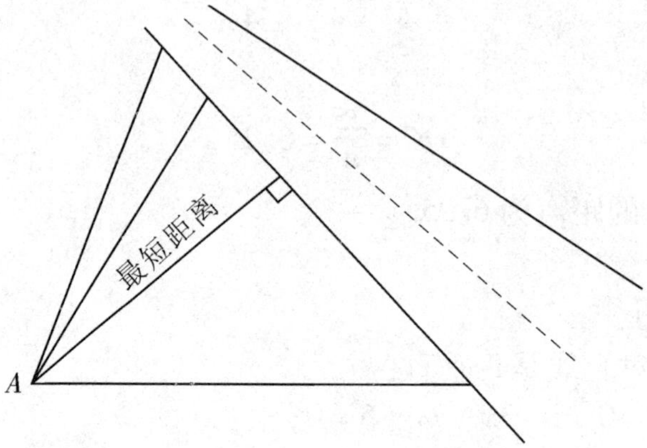

图 2－9

如图 2－10 所示，在平面直角坐标系中，已知点 $P(x_0, y_0)$ 和直线 $l: Ax + By + C = 0$，过点 P 作直线 l 的垂线段，交直线 l 于 Q，则点 P 到点 Q 的距离叫做点"P"到直线 l 的距离，记作 d.

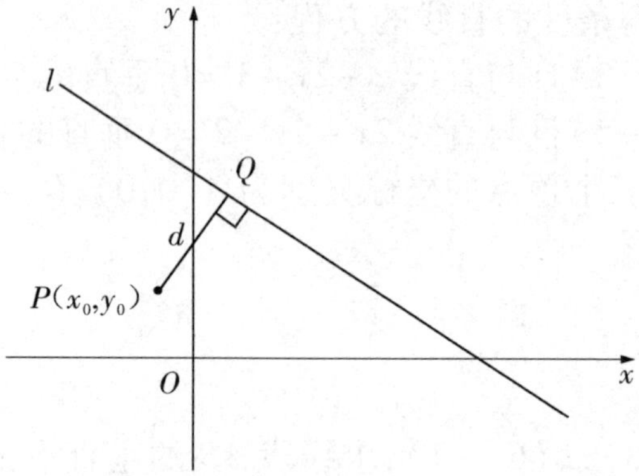

图 2－10

若我们知道了点 $P(x_0, y_0)$ 和直线 $l: Ax + By + C = 0$，怎样计算点 P 到直线 l 的距离呢？

点到直线的距离公式为（推导过程略）

$$d=\frac{|Ax_0+By_0+C|}{\sqrt{A^2+B^2}}.$$

公式中 A,B,C 分别表示直线 l 的方程中的系数,x_0,y_0 是点 P 的坐标.

例 1 求下列点到直线的距离 d:

(1)$P(4,-3)$,$x-2y+5=0$;

(2)$M(-2,5)$,$3x-7=0$.

解 (1)$d=\frac{|4-2\cdot(-3)+5|}{\sqrt{1^2+(-2)^2}}=\frac{15}{\sqrt{5}}=3\sqrt{5}$;

(2)$d=\frac{|3\cdot(-2)-7|}{\sqrt{3^2+0^2}}=\frac{13}{3}$.

例 2* 图 2-11 所示为一支承架平面图. 检验时要算出孔心到直线的距离. 试根据图中尺寸求之.

解 建立如图的平面直角坐标系,因为直线 AB 的斜率为

$$k_{AB}=\tan(180^\circ-18^\circ)=-\tan 18^\circ\approx-0.325.$$

B 点坐标为$(20,32)$,由点斜式得 AB 的方程为

$$y-32=-0.325(x-20).$$

整理得

$$0.325x+y-38.5=0.$$

则点 $O(0,0)$ 到直线 AB 的距离为

$$OC=\frac{|0.325\times0+0-38.5|}{\sqrt{0.325^2+1^2}}\approx36.61.$$

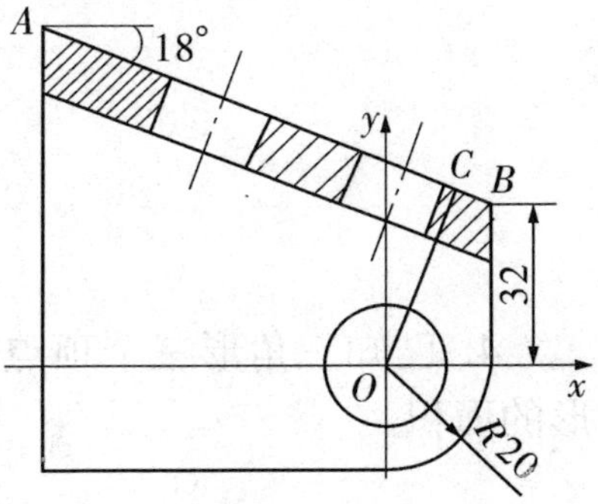

图 2-11

基础练习

1. 求下列点到直线的距离 d:

(1)$P(-3,1)$,$2x-5y+3=0$;

(2)$Q(3,4)$,$x-2y+5=0$;

(3)$N(0,4)$,$4x+10=0$;

(4)$M(-1,6)$,$2y-5=0$.

2. 求平行线 $5x-2y+1=0$ 与 $5x-2y-4=0$ 之间的距离.

3. 若点 $A(-1,2)$ 到直线 $3x-4y+k=0$ 的距离为 2,求 k 的值.

提升练习

1. 求下列点到直线的距离：

(1) $P(4,-2)$，$4x-3y+3=0$；

(2) $P(5,-4)$，$3x+4y-4=0$.

2. 设三点 $A(-3,-2)$，$B(1,0)$，$C(-1,3)$ 求三角形 ABC 的边 AB 上的高线 CH 的长度.

3. 检验如图 2－12 所示样板，需计算 A 点到直线 CD 的距离，试根据图示尺寸求之.

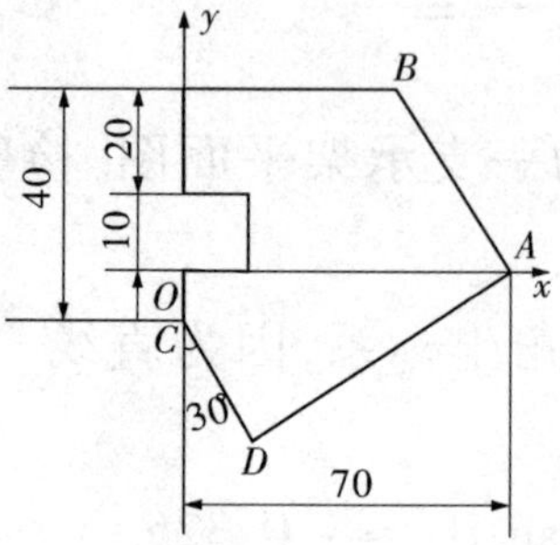

图 2－12

4. 已知三角形三个顶点的坐标依次为 $(3,-1)$，$(5,2)$，$(8,1)$，求这个三角形的面积.

第八节　圆的方程

在平面内取一点 D，再取一段绳子，将绳子的一端固定在 D 点，拉紧绳子的另一端，让其绕着 D 点旋转，运动的结果是一个圆.

由上述的实验研究得出：平面内与一定点的距离等于定长的点的轨迹是圆. **定点就是圆心，定长就是半径**.

在平面上任取一个直角坐标系 xOy，设一个圆的圆心是 $D(a,b)$，半径为 r（见图 2－13）. 根据圆的定义，圆上任意一点 $P(x,y)$ 到圆心 $D(a,b)$ 的距离等于半径 r，由两点间的距离公式，得

$$r=\sqrt{(x-a)^2+(y-b)^2}.$$

两边同时平方，得

$$(x-a)^2+(y-b)^2=r^2,$$

因此，圆心为 $D(a,b)$，半径为 r 的圆的方程是

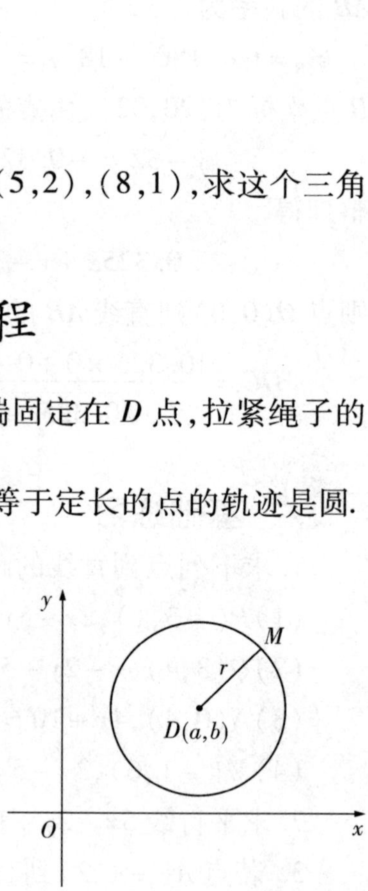

图 2－13

$$(x-a)^2+(y-b)^2=r^2. \qquad ①$$

①式也称为圆的标准方程.

如果圆心在原点,这时 $a=0,b=0$,那么圆的方程是

$$x^2+y^2=r^2 \qquad ②$$

例1　写出圆心为 $D(-3,2)$,半径为2的圆的标准方程.

解　$a=-3,b=2,r=2$

因此圆的标准方程为　$(x+3)^2+(y-2)^2=4$.

例2　已知圆的标准方程为 $(x-4)^2+(y+5)^2=16$,写出圆心坐标和半径.

解　因为　$a=4,b=-5$,

所以圆心坐标为 $(4,-5)$,半径为4.

例3　下列方程表示的图形是不是圆?如果是圆,写出它的圆心坐标和半径.

(1) $x^2+y^2-4x+6y+9=0$;

(2) $x^2+y^2-4x+6y+13=0$;

(3) $x^2+y^2-4x+6y+15=0$.

解　(1)把原方程的左端分别对 x,y 配方,得

$$x^2-4x+2^2-2^2+y^2+6y+3^2-3^2+9=0,$$

即

$$(x-2)^2+(y+3)^2=2^2.$$

因此,原方程表示一个圆,它的圆心坐标为 $(2,-3)$,半径为2.

(2)把原方程的左端分别对 x,y 配方,得

$$(x-2)^2+(y+3)^2=0,$$

原方程只有一个解:　$x=2,y=-3$.

因此,原方程表示一个点,这个点的坐标为 $(2,-3)$.

(3)把原方程的左端分别对 x,y 配方,得

$$(x-2)^2+(y+3)^2=-2.$$

这个方程无解,即原方程不表示任何图形.

在例3的第(1)题中,方程 $x^2+y^2-4x+6y+9=0$ 表示一个圆.

一般地,方程 $x^2+y^2+Dx+Ey+F=0$,当 $D^2+E^2-4F>0$ 时,它表示一个圆.这个方程叫做圆的一般方程.

基础练习

1. 写出下列圆的标准方程:

(1)圆心为 $D(2,-3)$,半径为5;

(2)圆心为 $E(-1,0)$,且经过点 $A(1,-1)$.

2. 写出下列圆的圆心坐标和半径：

(1) $(x+1)^2+(y-2)^2=4$；　　(2) $(x+3)^2+y^2=20$.

3. 已知两点 $A(-1,3)$，$B(3,1)$，求以线段 AB 为直径的圆的方程.

4. 下列方程表示的图形是不是圆？如果是圆，写出它的圆心坐标和半径：

(1) $x^2+2y^2-6x+8y=0$；　　(2) $x^2+y^2-6y+9=0$.

提升练习

1. 已知两点 $A(1,4)$，$B(-1,2)$，求以线段 AB 为直径的圆的方程.

2. 当 a 取何值时方程 $x^2-2x+y^2-6y+a=0$ 所表示的图形是：①圆；②点；③不表示任何图形.

3*. 圆 $x^2+y^2-4x+2y+C=0$ 与 y 轴交于 A，B 两点，圆心为 P，若 $\angle APB=90^\circ$，求常数 C 的值.

第九节　圆与直线的位置关系

如图 2－14 所示，可看出直线与圆的位置关系有 3 种：**相交，相切，相离**. 圆心到直线的距离为 d，圆的半径为 r.

当 $d<r$ 时，圆与直线相交，此时圆与直线有两个交点；

当 $d=r$ 时，圆与直线相切，此时圆与直线只有一个交点；

当 $d>r$ 时，圆与直线相离，此时圆与直线没有交点.

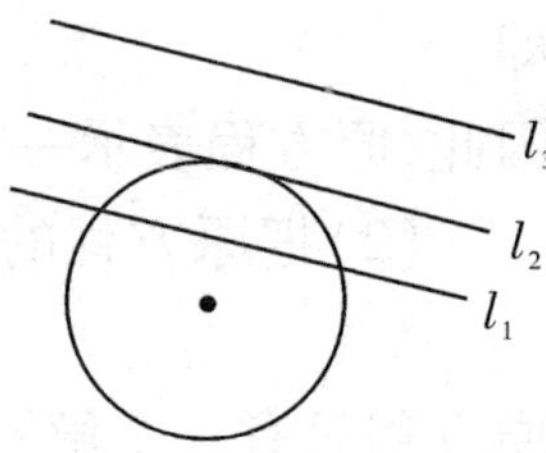

图 2－14

例 1　判断下列各小题中的直线与圆的位置关系：

(1) 直线 $2x-3y+1=0$，圆 $x^2+y^2=1$；

(2) 直线 $3x+4y-20=0$，圆 $(x+1)^2+(y-2)^2=9$；

(3) 直线 $x+2y-10=0$，圆 $(x-3)^2+(y-1)^2=4$.

解　(1) 圆心 $O(0,0)$ 到直线 $2x-3y+1=0$ 的距离为

$$d=\frac{|1|}{\sqrt{2^2+(-3)^2}}=\frac{1}{\sqrt{13}}<1,$$

即

$$d<r.$$

因此，所给直线与圆相交.

(2) 圆心 $D(-1,2)$ 到直线 $3x+4y-20=0$ 的距离为

$$d=\frac{|3\cdot(-1)+4\cdot2-20|}{\sqrt{3^2+4^2}}=\frac{15}{5}=3,$$

即

$$d=r.$$

因此,所给直线与圆相切.

(3)圆心 $E(3,1)$ 到直线 $x+2y-10=0$ 的距离为

$$d=\frac{|3+2-10|}{\sqrt{1^2+2^2}}=\frac{5}{\sqrt{5}}=\sqrt{5},$$

即

$$d>r.$$

因此,所给直线与圆相离.

例 2* 图 2－15 所示为一个要磨削的工件,AB,CD 和 EF 是圆弧,BC,DE 是直线,尺寸如图. 磨削时要知道 O_2 点的坐标 (x_0,y_0),试求之.

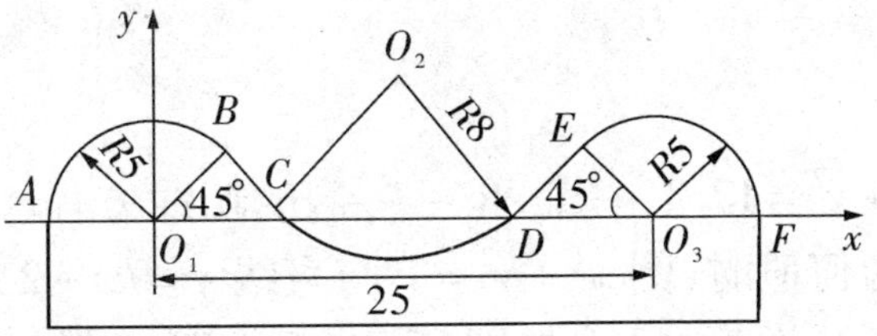

图 2－15

解 取图 2－15 所示直角坐标系,因为工件是对称的,所以 O_2 一定在线段 O_1O_3 的垂直平分线上,于是,得 O_2 点的横坐标

$$x_0=\frac{25}{2}=12.5.$$

为了求出纵坐标 y_0,先求出直线 BC 的方程.

直线 BC 的斜率为

$$k_{BC}=\tan 135^\circ=-1.$$

B 点的坐标为 $\left(\frac{5}{2}\sqrt{2},\frac{5}{2}\sqrt{2}\right)$,由点斜式可得直线 BC 的方程为

$$y-\frac{5}{2}\sqrt{2}=-1\times\left(x-\frac{5}{2}\sqrt{2}\right),$$

即

$$x+y-5\sqrt{2}=0.$$

则点 $O_2(12.5,y_0)$ 到直线 BC 的距离可由公式得

$$8=\frac{|12.5+y_0-5\sqrt{2}|}{\sqrt{1^2+1^2}},$$

解得

$$y_0=13\sqrt{2}-12.5\approx 5.88.$$

所以,O_2 点的坐标约为 $(12.5,5.88)$.

基础练习

1. 判断下列各小题中的直线与圆的位置关系：

(1) 直线 $3x-4y+5=0$，圆 $x^2+y^2=1$；

(2) 直线 $2x-y+3=0$，圆 $(x-5)^2+(y+2)^2=36$；

(3) 直线 $x-3y+2=0$，圆 $(x+2)^2+(y-5)^2=40$.

2. 求直线 $2x-3y+1=0$ 与圆 $x^2+y^2=1$ 的交点.

3. 求圆心在 y 轴上，半径长为 5，且与直线 $y=6$ 相切的圆的方程.

提升练习

1. 求经过圆 $x^2+y^2=17$ 上一点 $P(-1,4)$ 的切线方程.

2. 试讨论当 k 为何值时：圆 $x^2+y^2=1$ 与直线 $y=kx-2$ 相交、相切、相离.

3. 如图 2－16 所示样板，尺寸如图所示. 现在要磨削型面，试求圆弧 $R16\pm0.02$ mm的圆心 O_1 的坐标 (x_0,y_0).

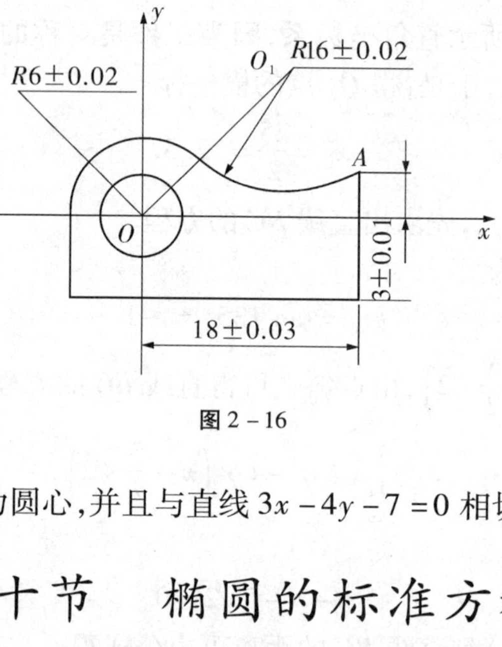

图 2－16

4. 求以 $N(1,3)$ 为圆心，并且与直线 $3x-4y-7=0$ 相切的圆的方程.

第十节 椭圆的标准方程

椭圆形在生活中常见，在天文学上，很多天体的运行轨迹都是椭圆形的，例如，人造地球卫星的运行轨迹就是椭圆；同时我们将圆压扁了就能形成椭圆. 如图 2－17 所示.

如何用数学的方法来衡量椭圆呢？

我们来做一个小实验：取一条定长的绳子，把它的两端固定在图板上的 F_1

和 F_2 两点，当绳长大于 F_1 和 F_2 的距离时，用铅笔尖把绳子拉紧，使笔尖在图板上慢慢移动，就可以画出一个椭圆. 如图 2－18 所示.

从上述过程中可以得到**椭圆的定义**如下：平面内与两定点 F_1，F_2 的距离之和是常数的点的轨迹称为椭圆. 这两个定点叫做椭圆的焦点，两个焦点的距离（$|F_1F_2|$）叫做椭圆的焦距.

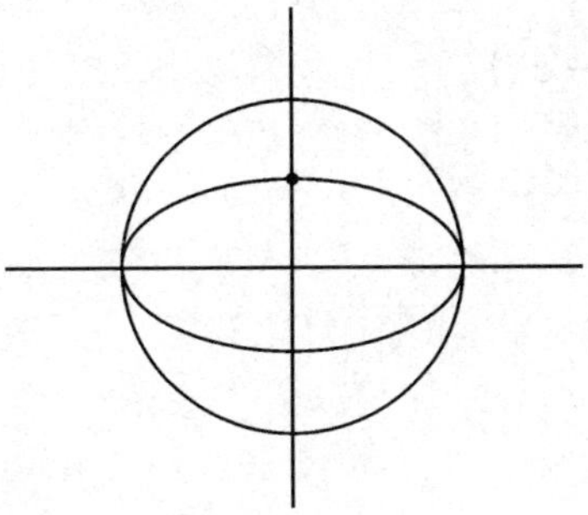

图 2－17

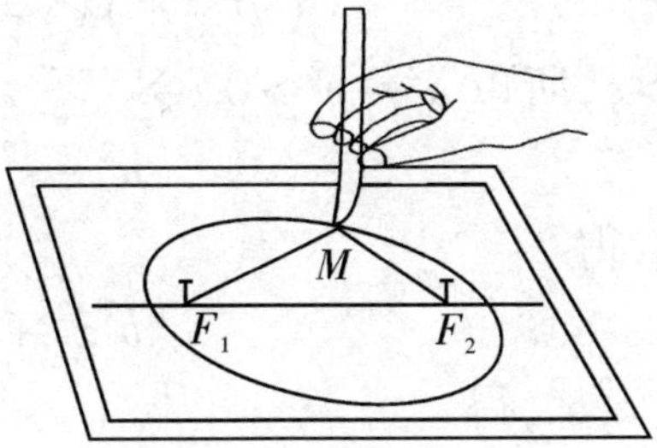

图 2－18

椭圆的标准方程

为了研究椭圆的性质，在平面上建立一个适当的直角坐标系，求出椭圆的方程.

建立直角坐标系，使 x 轴经过点 F_1 和 F_2，点 O 与线段 F_1F_2 的中点重合，如图 2－19 所示.

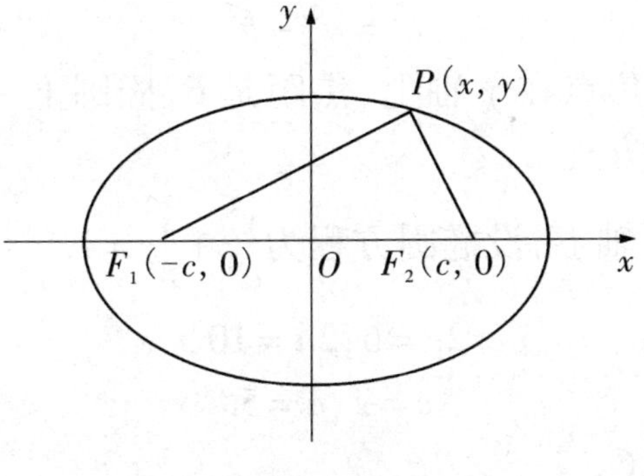

图 2－19

设 $P(x,y)$ 是椭圆上的任意一点，椭圆的焦距为 $2c(c>0)$，那么两焦点的坐标分别为 $F_1(-c,0)$ 和 $F_2(c,0)$，又设 P 与 F_1 和 F_2 的距离之和等于常数 $2a$，则

$$|PF_1|+|PF_2|=2a.$$

由两点距离公式，得

$$|PF_1| = \sqrt{(x+c)^2 + y^2},$$

$$|PF_2| = \sqrt{(x-c)^2 + y^2},$$

所以

$$\sqrt{(x+c)^2 + y^2} + \sqrt{(x-c)^2 + y^2} = 2a.$$

展开整理得

$$(a^2 - c^2)x^2 + a^2y^2 = a^2(a^2 - c^2),$$

由于 $a > c$,所以 $a^2 - c^2 > 0$. 令

$$a^2 - c^2 = b^2 (b > 0)$$

代入上式,得

$$b^2x^2 + a^2y^2 = a^2b^2,$$

两边除以 a^2b^2,得

$$\frac{x^2}{a^2} + \frac{y^2}{b^2} = 1 \quad (a > b > 0). \tag{1}$$

这个方程称为**椭圆的标准方程**,它所表示的椭圆焦点在 x 轴上,焦点为 $F_1(-c, 0)$,$F_2(c,0)$.

如果取经过两焦点 F_1,F_2 的直线作 y 轴,线段 F_1F_2 的垂直平分线作 x 轴,用同样的方法,可得椭圆的方程为

$$\frac{y^2}{a^2} + \frac{x^2}{b^2} = 1 \quad (a > b > 0). \tag{2}$$

方程(2)也称为**椭圆的标准方程**. 它表示的椭圆焦点在 y 轴上,其中 a,b,c 之间的关系仍满足

$$c^2 = a^2 - b^2$$

例 1 已知椭圆的焦点在 y 轴上,焦距是 6,椭圆上一点到两焦点的距离之和是 10,求椭圆的标准方程.

解 因为焦点在 y 轴上,设椭圆方程为$\frac{y^2}{a^2} + \frac{x^2}{b^2} = 1$.

由 $$2c = 6, 2a = 10,$$

得 $$c = 3, a = 5.$$

从而 $b^2 = 5^2 - 3^3 = 16$.

因此椭圆的标准方程为:

$$\frac{y^2}{25} + \frac{x^2}{16} = 1.$$

例 2 已知 $a = 12$,椭圆的焦点为 $F_1(0, -6)$,$F_2(0,6)$,求椭圆的标准方程.

解 根据已知条件,焦点在 y 轴上,可设椭圆方程为$\frac{y^2}{a^2} + \frac{x^2}{b^2} = 1$.

由 $$a=12, c=6,$$

可得 $b^2=12^2-6^2=108$.

故椭圆的标准方程为

$$\frac{y^2}{144}+\frac{x^2}{108}=1.$$

例 3 求椭圆$\frac{x^2}{169}+\frac{y^2}{144}=1$的焦点和焦距.

解 由于 $$a^2=169, b^2=144,$$

因此 $c=\sqrt{169-144}=5$.

且椭圆的焦点在 x 轴上，故椭圆的焦点为 $F_1(-5,0)$，$F_2(5,0)$，焦距为 10.

基础练习

1. 求满足下列条件的椭圆的标准方程：

(1) 焦点在 x 轴上，焦距是 8，椭圆上的点到两焦点的距离之和等于 10；

(2) $a=13$，焦点为 $F_1(-12,0)$，$F_2(12,0)$；

(3) $a=13$，焦点为 $F_1(0,-5)$，$F_2(0,5)$；

(4) $b=2\sqrt{3}$，焦点为 $F_1(-\sqrt{5},0)$，$F_2(\sqrt{5},0)$.

2. 求下列椭圆的焦点与焦距：

(1) $\frac{x^2}{5}+\frac{y^2}{4}=1$；　　(2) $\frac{y^2}{36}+\frac{x^2}{16}=1$.

提升练习

1. 求下列椭圆的焦点和焦距：

(1) $9x^2+2y^2=18$；　　(2) $x^2+8y^2=8$.

2. 已知椭圆的焦点在 x 轴上，焦距为 8，且椭圆经过点 $P(-5,0)$，求椭圆的标准方程.

3. 如果椭圆$\frac{x^2}{100}+\frac{y^2}{36}=1$上一点 P 到焦点 F_1 的距离等于 6，求点 P 到另一个焦点 F_2 的距离.

第十一节　椭圆的几何性质

在上一节我们根据椭圆的定义，选择适当的坐标系建立了椭圆的标准方程：

$$\frac{x^2}{a^2}+\frac{y^2}{b^2}=1 \quad (a>b>0). \tag{1}$$

今天我们根据椭圆的标准方程(1)来探究一下椭圆的性质.

一、图形的范围

由方程(1)可知

$$\frac{x^2}{a^2}\leqslant 1,\frac{y^2}{b^2}\leqslant 1,$$

即

$$|x|\leqslant a,|y|\leqslant b.$$

因此,椭圆(1)位于直线 $x=\pm a$ 和 $y=\pm b$ 围成的矩形里(见图 2-20).

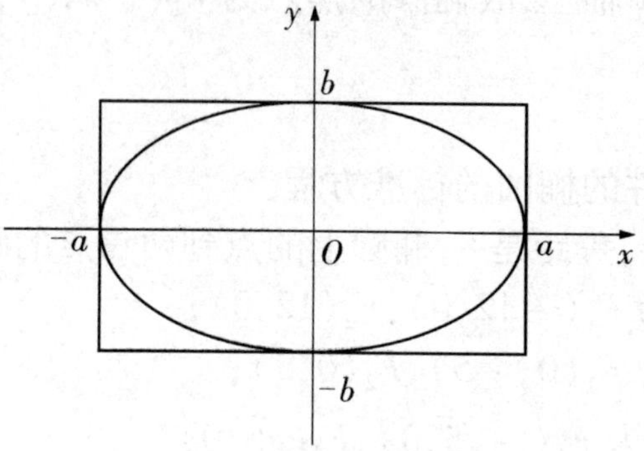

图 2-20

二、对称性

点 $P(x,y)$ 在椭圆(1)上 $\Leftrightarrow \frac{x^2}{a^2}+\frac{y^2}{b^2}=1 \Leftrightarrow \frac{(-x)^2}{a^2}+\frac{y^2}{b^2}=1 \Leftrightarrow$ 点 $P(x,y)$ 关于 y 轴对称的点 $Q(-x,y)$ 也在椭圆(1)上,因此椭圆关于 y 轴对称,同样的方法可以证明,椭圆关于 x 轴对称,关于原点对称. 因此,**x 轴、y 轴**是椭圆的**对称轴,原点**是椭圆的**对称中心**.

三、顶点

在方程(1)中,令 $x=0$ 得 $y=\pm b$,这说明 $B_1(0,-b)$,$B_2(0,b)$ 是椭圆与 y 轴的两个交点;同理,令 $y=0$ 得 $x=\pm a$,因此 $A_1(-a,0)$,$A_2(a,0)$ 是椭圆与 x 轴的两个交点. 我们把**椭圆与对称轴的交点称为椭圆的顶点**,椭圆共有 4 个顶点.

椭圆的焦点所在的对称轴上的两个顶点的连线 A_1A_2 称为椭圆的长轴,长为 $2a$,另一条对称轴上两个顶点的连线 B_1B_2 称为椭圆的短轴,长为 $2b$.

我们把 a,b 分别叫做椭圆的长半轴长和短半轴长,$c=\sqrt{a^2-b^2}$叫做半焦距.

四、离心率

由于椭圆位于直线 $x=\pm a$ 和 $y=\pm b$ 所围成的矩形内,并且椭圆的顶点坐标分别是 $A_1(-a,0)$,$A_2(a,0)$,$B_1(0,-b)$,$B_2(0,b)$,因此当比值$\frac{b}{a}$越小时,椭圆越扁,由于

$$\frac{b}{a}=\frac{\sqrt{a^2-c^2}}{a}=\sqrt{1-\left(\frac{c}{a}\right)^2},$$

因此当比值$\frac{c}{a}$越大时,$\frac{b}{a}$就越小,从而椭圆越扁;当比值$\frac{c}{a}$越小时,$\frac{b}{a}$就越大,上述矩形越接近于正方形,椭圆就越接近于圆.

我们把比值 $e=\frac{c}{a}$叫做椭圆的离心率. 由于 $a>c>0$,因此 $0<e<1$.

从上述讨论知道,椭圆的离心率 e 越大,它就越扁;离心率 e 越接近于零,它就越圆.

例 1 求椭圆$\frac{x^2}{25}+\frac{y^2}{36}=1$ 的长轴长、短轴长、顶点和离心率.

解 由椭圆的方程可得:$a=6$,$b=5$,焦点在 y 轴上.

因此,椭圆的长轴长 $2a=12$,短轴长 $2b=10$.

顶点是 $A_1(0,-6)$,$A_2(0,6)$,$B_1(-5,0)$,$B_2(5,0)$.

由于 $c=\sqrt{6^2-5^2}=\sqrt{11}$,因此离心率为

$$e=\frac{c}{a}=\frac{\sqrt{11}}{6}.$$

例 2 已知椭圆长轴上的两顶点的坐标分别为$(-5,0)$,$(5,0)$,离心率为$\frac{3}{5}$,求椭圆的标准方程.

解 由已知条件得 $a=5$,且焦点在 x 轴上,

$$\frac{c}{a}=\frac{3}{5},$$

$$c=\frac{3}{5}a=\frac{3}{5}\times 5=3,$$

$$b^2=a^2-c^2=25-9=16.$$

因此,椭圆的标准方程为 $\frac{x^2}{25}+\frac{y^2}{16}=1$.

例 3* 加工如图 2－21 所示的椭圆孔组合工件，划线及做检验样板时都需要知道其方程，试根据图示尺寸求之.

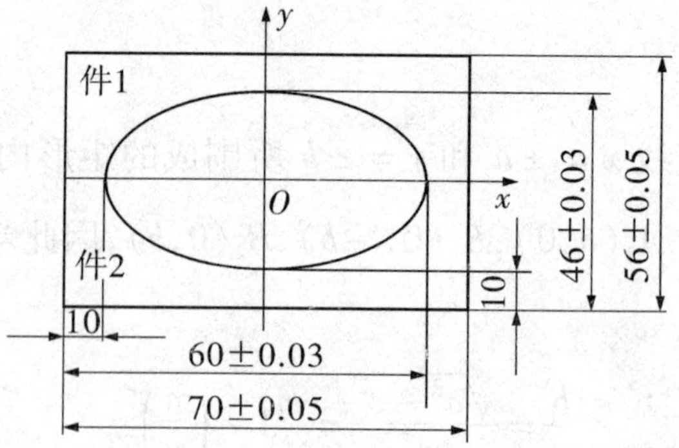

图 2－21

解 取直角坐标系如图 2－21 所示，设所求椭圆方程为

$$\frac{x^2}{a^2}+\frac{y^2}{b^2}=1.$$

因为 $2a=60-10=50$，得 $a=25$，

$2b=46-10=36$，得 $b=18$，

所以，所求椭圆的方程为 $\dfrac{x^2}{25^2}+\dfrac{y^2}{18^2}=1.$

基础练习

1. 求下列椭圆长轴长和短轴长及顶点和焦点的坐标：

(1) $\dfrac{x^2}{25}+\dfrac{y^2}{9}=1$； (2) $9x^2+4y^2=36$.

2. 求满足下列条件的椭圆的标准方程：

(1) 焦点在 x 轴上，长轴长为 8，离心率为 $\dfrac{1}{2}$；

(2) 长轴上两顶点坐标为 $(-6,0)$ $(6,0)$，离心率为 $\dfrac{1}{3}$.

3. 求长轴长 20，短轴长 16 的椭圆的标准方程.

提升练习

1. 求半焦距与半长轴长的和为 9，离心率为 $\dfrac{1}{2}$ 的椭圆的方程.

2. 直线 $2x-y+1=0$ 与椭圆 $\dfrac{x^2}{3}+\dfrac{y^2}{2}=1$ 是否有交点？如果有，求出交点.

3. 彗星“紫金山一号”是我国南京紫金山天文台发现的. 它的运行轨道是以太阳为一个焦点的椭圆,如图 2－22 所示. 测得彗星的近日点和远日点到太阳的距离分别为 1.486 天文单位和 5.563 天文单位(1 天文单位约 1.5×10^8 km). 在图示的坐标系中求彗星轨迹的方程.

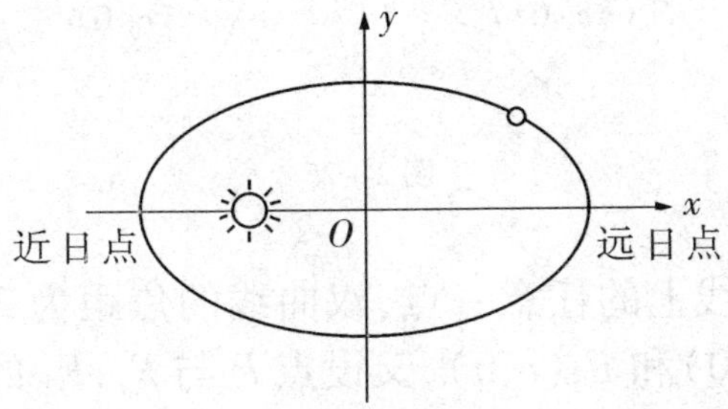

图 2－22

4. 若椭圆的右焦点把长轴分成的两条线段的比是 5∶2,求椭圆的离心率.

第十二节 双曲线的标准方程

电站的通风塔的纵截面的外部轮廓是双曲线的一部分,如图 2－23 所示,反比例函数的图像是双曲线,如图 2－24 所示.

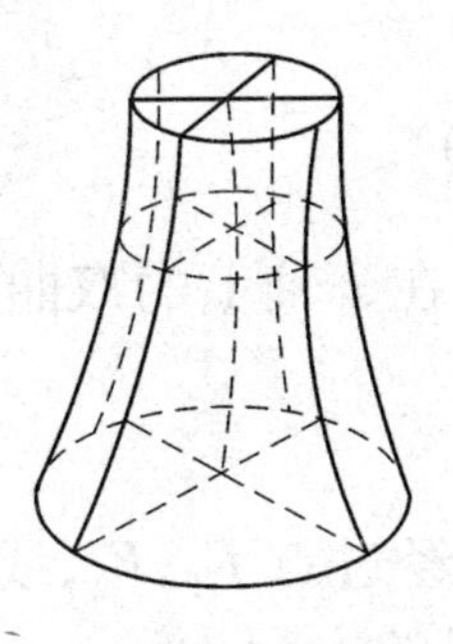

图 2－23

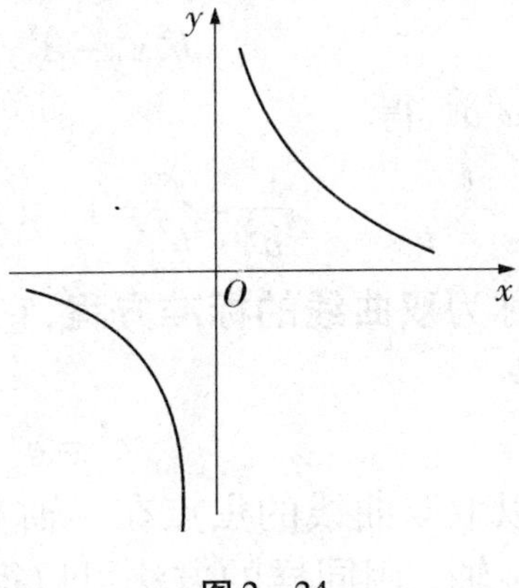

图 2－24

如何统一研究实际生活中出现的双曲线呢?

我们把平面内与两个定点 F_1,F_2 的距离之差的绝对值是常数(小于 $|F_1F_2|$)的点的轨迹叫做**双曲线**. 两个定点称为双曲线的**焦点**,两焦点的距离称为**焦距**.

双曲线的标准方程

如图 2－25 所示,建立直角坐标系 xOy,使 x 轴经过点 F_1 和 F_2,并且点 O 与

线段 F_1F_2 的中点重合.

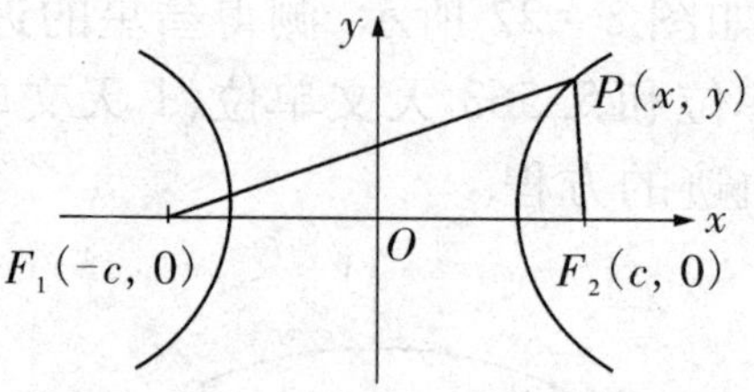

图 2－25

设 $P(x,y)$ 是双曲线上的任意一点,双曲线的焦距为 $2c(c>0)$,则两个焦点的坐标分别为 $F_1(-c,0)$ 和 $F_2(c,0)$,又设点 P 与 F_1,F_2 的距离之差的绝对值为 $2a(0<a<c)$,即

$$|PF_1|-|PF_2|=\pm 2a.$$

由两点间的距离公式,得

$$|PF_1|=\sqrt{(x+c)^2+y^2},$$

$$|PF_2|=\sqrt{(x-c)^2+y^2},$$

所以 $$\sqrt{(x+c)^2+y^2}-\sqrt{(x-c)^2+y^2}=\pm 2a,$$

整理得 $$(c^2-a^2)x^2-a^2y^2=a^2(c^2-a^2).$$

由于 $a<c$,所以 $c^2-a^2>0$. 令 $c^2-a^2=b^2(b>0)$ 代入上式,得

$$b^2x^2-a^2y^2=a^2b^2,$$

两边同时除以 a^2b^2,得

$$\frac{x^2}{a^2}-\frac{y^2}{b^2}=1 \quad (a>0,b>0).$$

这个方程称为**双曲线的标准方程**,它表示焦点在 x 轴上的双曲线,其中 a,b,c 之间的关系是

$$c^2=a^2+b^2.$$

我们也可以取双曲线的焦点在 y 轴上,使 y 轴经过点 F_1,F_2,线段 F_1F_2 的垂直平分线作为 x 轴,用同样的方法可以得到双曲线的方程为

$$\frac{y^2}{a^2}-\frac{x^2}{b^2}=1 \quad (a>0,b>0).$$

它表示焦点在 y 轴上的双曲线.

例 1 已知 $a=3$,双曲线的焦点坐标为 $F_1(-5,0)$ 和 $F_2(5,0)$,求它的标准方程.

解 由 $c=5$,$a=3$,得

$$b^2=c^2-a^2=5^2-3^2=16,$$

且双曲线的焦点在 x 轴上.

因此,双曲线的标准方程为 $\frac{x^2}{9}-\frac{y^2}{16}=1$.

例2　求双曲线$\frac{x^2}{36}-\frac{y^2}{64}=1$的焦点与焦距.

解　由 $a^2=36,b^2=64$,得

$$c=\sqrt{a^2+b^2}=\sqrt{36+64}=10.$$

由方程可知,焦点在 x 轴上.

因此,焦点是 $F_1(-10,0)$和 $F_2(10,0)$,焦距为 20.

基础练习

1. 求满足下列条件的双曲线的标准方程:

(1)焦点在 x 轴上,焦距是 8,双曲线上的点到两焦点的距离之差的绝对值为4;

(2)$a=3$,焦点为 $F_1(-5,0)$,$F_2(5,0)$;

(3)$b=2$,焦点为 $F_1(-3,0)$,$F_2(3,0)$.

2. 求下列双曲线的焦点与焦距:

(1)$\frac{x^2}{12}-\frac{y^2}{4}=1$;　　(2)$\frac{y^2}{16}-\frac{x^2}{9}=1$.

3. 已知方程$\frac{x^2}{2+m}-\frac{y^2}{m+1}=1$表示双曲线,求 m 的取值范围.

提升练习

1. 求下列双曲线的焦点与焦距:

(1)$-x^2+4y^2=8$;　　(2)$3x^2-4y^2=12$.

2. 已知双曲线的焦点在 x 轴上,且过点 $M_1(3,0)$,$M_2(6,4\sqrt{3})$,求它的标准方程.

3. 已知双曲线与椭圆$\frac{x^2}{25}+\frac{y^2}{9}=1$的焦点相同,且 $a=5$,求该双曲线的标准方程.

第十三节　双曲线的性质

上节课学习了双曲线的标准方程,这节课一起来以方程

$$\frac{x^2}{a^2}-\frac{y^2}{b^2}=1\quad(a>0,b>0)\qquad(1)$$

为例来了解双曲线的性质.

一、图形范围

从方程(1)可知

$$\frac{x^2}{a^2}=1+\frac{y^2}{b^2}\geqslant 1,$$

即

$$x^2\geqslant a^2,$$

得

$$x\geqslant a \text{ 或 } x\leqslant -a.$$

因此,双曲线位于直线 $x=-a$ 的左侧和直线 $x=a$ 的右侧.

二、对称性

点 $P(x,y)$ 在双曲线上$\Leftrightarrow\frac{x^2}{a^2}-\frac{y^2}{b^2}=1\Leftrightarrow\frac{(-x)^2}{a^2}-\frac{y^2}{b^2}=1\Leftrightarrow$点 $P(x,y)$ 关于 y 轴对称的点 $Q(-x,y)$ 也在双曲线上,因此双曲线关于 y 轴对称,同样的方法可以证明,双曲线关于 x 轴对称,关于原点对称. 因此,x 轴 y 轴是双曲线的对称轴,原点是双曲线的对称中心.

三、顶点

在方程(1)中,令 $y=0$ 得 $x=\pm a$,这说明 $A_1(-a,0)$,$A_2(a,0)$ 是双曲线与 x 轴的两个交点. 令 $x=0$ 得 $y^2=-b^2$,此方程无解,因此双曲线(1)与 y 轴无交点.

双曲线与它对称轴的交点,称为双曲线的顶点,因此双曲线有两个顶点,它们位于焦点所在的对称轴上. 我们把双曲线两顶点的连线段 A_1A_2 称为双曲线的实轴. 实轴长等于 $2a$. 把 a 叫做双曲线的**实半轴长**.

双曲线(1)与 y 轴没有交点. 我们把 y 轴上两点 $B_1(0,-b)$,$B_2(0,b)$ 的连线段 B_1B_2 叫做双曲线的虚轴. 虚轴长等于 $2b$. 把 b 叫做双曲线的**虚半轴长**.

$c=\sqrt{a^2+b^2}$叫做**半焦距**.

四、渐近线

经过双曲线的两个顶点 $A_1(-a,0)$,$A_2(a,0)$ 分别作平行于 y 轴的两条直线;经过 $B_1(0,-b)$,$B_2(0,b)$ 分别作平行于 x 轴的两条直线,它们相交形成一个矩形,这个矩形的对角线所在的直线 l_1,l_2 的方程分别是 $y=\frac{b}{a}x$,$y=-\frac{b}{a}x$. 双曲线与它们的位置关系是:双曲线的两支无限接近这两条直线,但和它们没有交点,如图 2 - 26 所示.

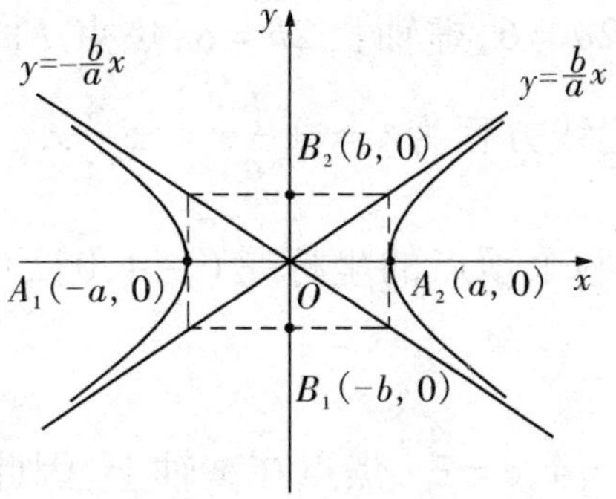

图 2 - 26

我们把直线 $y=\frac{b}{a}x, y=-\frac{b}{a}x$ 叫做**双曲线的渐近线**.

如果双曲线的方程是$\frac{y^2}{a^2}-\frac{x^2}{b^2}=1$,则它的渐近线方程是 $y=\frac{a}{b}x, y=-\frac{a}{b}x$.

五、离心率

由性质(1)可知双曲线的两支分别位于直线 $x=-a, x=a$ 的左侧和右侧,并且夹在直线 $y=\frac{b}{a}x$ 与 $y=-\frac{b}{a}x$ 之间. 因此,当比值$\frac{b}{a}$越小时双曲线的开口越小,即形状越扁. 由于

$$\frac{b}{a}=\frac{\sqrt{c^2-a^2}}{a}=\sqrt{\left(\frac{c}{a}\right)^2-1},$$

因此,当比值$\frac{c}{a}$越小时$\frac{b}{a}$就越小,从而双曲线越扁. 反之双曲线开口越开阔.

我们把比值 $e=\frac{c}{a}$叫做双曲线的**离心率**. 由于 $c>a>0$,因此 $e>1$.

从上面的讨论可知,e 越小,双曲线越扁;e 越大双曲线开口越开阔.

如果双曲线的实轴长等于虚轴长,则称它是等轴双曲线.

例 1 求双曲线 $16x^2-9y^2=144$ 的实轴长和虚轴长,焦点和顶点坐标及渐近线方程.

解 将已知方程化成标准形式,得

$$\frac{x^2}{9}-\frac{y^2}{16}=1,$$

即 $$a=3,b=4,$$

$$c=\sqrt{a^2+b^2}=\sqrt{3^2+4^2}=5.$$

因此，双曲线实轴长 $2a=6$，虚轴长 $2b=8$，焦点 $F_1(-5,0)$，$F_2(5,0)$，顶点 $A_1(-3,0)$，$A_2(3,0)$，渐近线方程为 $y=\pm\frac{b}{a}x=\pm\frac{4}{3}x.$

例2 已知双曲线的两个顶点的坐标是$(-4,0)$，$(4,0)$，离心率为$\frac{3}{2}$，求双曲线的方程.

解 由已知条件得 $a=4$，$e=\frac{3}{2}$，焦点在 x 轴上，因此

$$c=ae=4\cdot\frac{3}{2}=6,$$

从而 $$b^2=c^2-a^2=36-16=20.$$

所以，双曲线的方程为$\frac{x^2}{16}-\frac{y^2}{20}=1.$

例3* 某钢管校直机上，双曲面传动辊轮的尺寸如图 2-27 所示. 试求出检验样板的曲线方程.

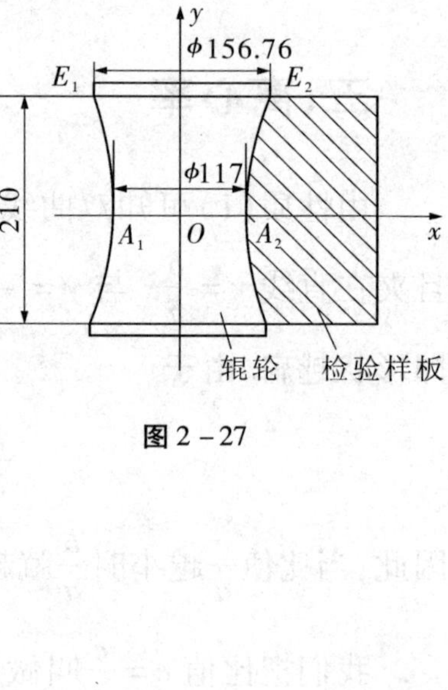

图 2-27

解 取坐标系如图 2-27 所示. 设所求双曲线的方程为

$$\frac{x^2}{a^2}-\frac{y^2}{b^2}=1.$$

因为点 $A_2(58.5,0)$，$E_2(78.38,105)$在双曲线上，故得方程组

$$\begin{cases}\frac{58.5^2}{a^2}=1,\\ \frac{78.38^2}{a^2}-\frac{105^2}{b^2}=1.\end{cases}$$

解此方程组，得

$$\begin{cases}a^2=58.5^2,\\ b^2=117.75^2.\end{cases}$$

因此，所求双曲线的方程为

$$\frac{x^2}{58.5^2}-\frac{y^2}{117.75^2}=1.$$

基础练习

1. 求下列双曲线的实轴长、虚轴长、顶点、离心率以及渐近线方程：

(1)$\frac{x^2}{25}-\frac{y^2}{11}=1$；　　(2)$\frac{y^2}{12}-\frac{x^4}{4}=1$；

(3)$5x^2-4y^2=20$；　　(4)$x^2-y^2=-8$.

2. 求满足下列条件的双曲线的标准方程：

(1)实轴长为12，焦点坐标为$(-10,0)$，$(10,0)$；

(2)两个顶点坐标分别为$(-2,0)$，$(2,0)$，离心率是$\frac{5}{2}$；

(3)虚轴长为8，两焦点坐标为$(0,-7)$，$(0,7)$；

(4)实轴长为6，离心率为$\frac{5}{3}$.

3. 求实轴长为10，虚轴长为8的双曲线的标准方程.

提升练习

1. 求焦点为$F_1(0,-8)$，$F_2(0,8)$，离心率为$\frac{4}{3}$的双曲线的标准方程.

2. 下列直线是否与双曲线$2x^2-y^2=2$有交点？如果有，求出交点.

(1)$2x-y-1=0$；　　(2)$y=\sqrt{2}x$.

3. 求与椭圆$\frac{x^2}{49}+\frac{y^2}{24}=1$有公共焦点，且离心率$e=\frac{5}{4}$的双曲线方程.

第十四节　抛物线的标准方程

我们在初中已经知道二次曲线的图像是抛物线. 实际上，抛物线在我们生活中随处可见. 例如，运动员投篮，篮球出手后在空中飞行的弧线轨迹，就是一条抛物线；一条隧道顶部的纵截面是抛物拱形，等等.

如何统一研究实际生活中出现的各种各样的抛物线？

平面内与一个定点F和一条直线l的距离相等的点的轨迹叫做**抛物线**. 点F称为抛物线的**焦点**，直线l称为抛物线的**准线**.

抛物线的方程

取过焦点F，且垂直于准线l的直线为x轴，x轴与l相交于点K，以线段KF

的垂直平分线为 y 轴,并且使焦点 F 在 x 轴的正半轴上,建立直角坐标系 xOy,如图 2－28所示.

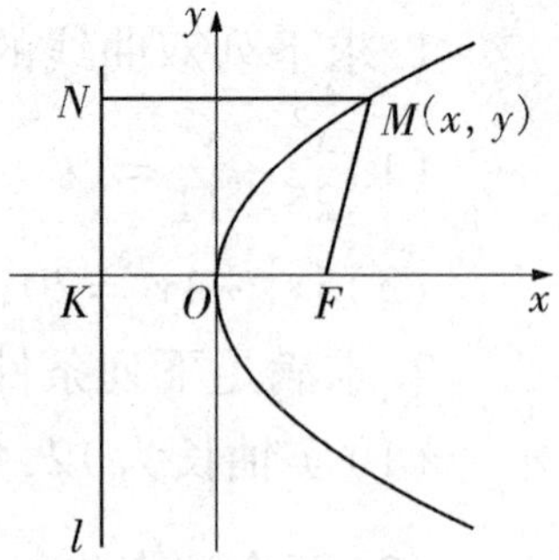

图 2－28

设抛物线的焦点 F 到准线 l 的距离为 p,则 $|KF|=p$,焦点 F 的坐标为 $\left(\frac{p}{2},0\right)$,准线 l 的方程为 $x=-\frac{p}{2}$,即 $x+\frac{p}{2}=0$.

在抛物线上任取一点 $M(x,y)$,根据定义可知它到焦点的距离和它到 l 的距离相等,可得

$$\frac{|2x+p|}{\sqrt{2^2+0^2}}=\sqrt{\left(x-\frac{p}{2}\right)^2+y^2},$$

所以,

$$\left(x+\frac{p}{2}\right)^2=\left(x-\frac{p}{2}\right)^2+y^2.$$

整理得

$$y^2=2px,$$

因此,抛物线的方程是

$$y^2=2px\ (p>0).$$

这个方程就是抛物线的标准方程,它表示焦点在 x 轴的正半轴上,它的焦点为 $\left(\frac{p}{2},0\right)$,准线 l 的方程为 $x=-\frac{p}{2}$.

在建立抛物线的标准方程时,如果选取的坐标系不同,则得到的标准方程也不同,所以抛物线的标准方程还有另外 3 种形式.

4 种抛物线的图形,标准方程,焦点坐标及准线方程如下表所示:

图形	标准方程	焦点坐标	准线方程
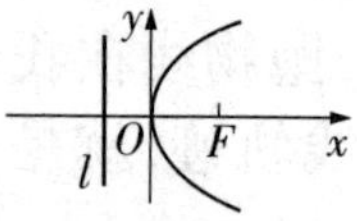	$y^2=2px\ (p>0)$	$\left(\frac{p}{2},0\right)$	$x=-\frac{p}{2}$
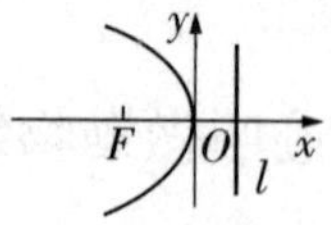	$y^2=-2px\ (p>0)$	$\left(-\frac{p}{2},0\right)$	$x=\frac{p}{2}$
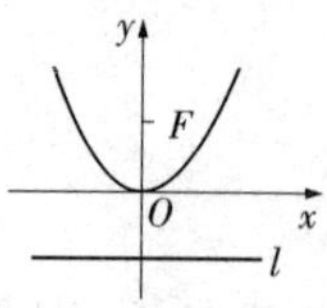	$x^2=2py\ (p>0)$	$\left(0,\frac{p}{2}\right)$	$y=-\frac{p}{2}$

续表

图形	标准方程	焦点坐标	准线方程
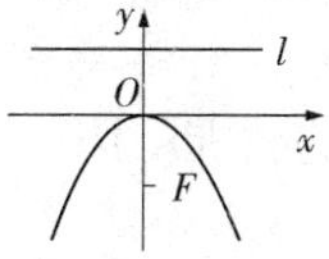	$x^2=-2py\ (p>0)$	$\left(0,-\frac{p}{2}\right)$	$y=\frac{p}{2}$

例 1 已知抛物线的焦点在 y 轴的正半轴上，并且焦点到准线的距离为 5，求抛物线的标准方程.

解 由于 $p=5$，且焦点在 y 轴的正半轴上，因此，抛物线的标准方程为

$$x^2=10y.$$

例 2 求抛物线 $y^2=2x$ 的焦点坐标和准线方程.

解 由题意可知，焦点在 x 轴的正半轴上

$$2p=2,$$

即

$$p=1.$$

因此，焦点坐标为 $\left(\frac{1}{2},0\right)$，准线方程为 $x=-\frac{1}{2}$.

基础练习

1. 求满足下列条件的抛物线的标准方程：

(1) 焦点在 x 轴正半轴上，焦点到准线的距离是 5；(2) 焦点是 $F(-3,0)$；(3) 准线方程为 $y=-\frac{1}{4}$；(4) 焦点是 $F\left(0,-\frac{1}{8}\right)$.

2. 求下列抛物线的焦点坐标和准线方程：

(1) $y^2=16x$； (2) $x^2=-6y$； (3) $y^2=-\frac{1}{6}x$； (4) $x^2=-\frac{1}{4}y$.

3. 求以椭圆 $\frac{x^2}{25}+\frac{y^2}{9}=1$ 的左焦点为焦点的抛物线标准方程.

提升练习

1. 求抛物线 $x^2-4y=0$ 的焦点坐标和准线方程.
2. 已知抛物线的焦点在 y 轴负半轴上，且过点 $M(6,-2)$，求它的标准方程.
3. 已知抛物线过点 $M(-4,2)$，求抛物线的标准方程.

第十五节 抛物线的性质

上节课研究了抛物线的方程,这节课一起来了解抛物线的性质. 以

$$y^2 = 2px \quad (p > 0), \tag{1}$$

为例.

一、图形范围

在方程中(1)因为 $p > 0$,得 $x = \frac{y^2}{2p} \geqslant 0$ 所以这条抛物线在 y 轴的右侧包括原点,并且当 x 从 0 开始无限增大时,$|y|$也无限增大.

二、对称性

点 $P(x,y)$ 在抛物线上 $\Leftrightarrow y^2 = 2px \Leftrightarrow (-y)^2 = 2px \Leftrightarrow$ 点 $P(x,y)$ 关于 x 轴的对称点 $Q(x, -y)$ 在抛物线上,因此抛物线关于 x 轴对称,抛物线只有一条对称轴.

三、顶点

在方程(1)中,令 $y = 0$,得 $x = 0$. 因此抛物线与 x 轴只有一个交点,即原点. 抛物线与它的对称轴的交点称为抛物线的顶点. 抛物线只有一个顶点,即原点.

四、离心率

抛物线上的点与焦点和准线的距离之比,称为抛物线的**离心率**,用 e 表示. 根据抛物线的定义可知,抛物线的离心率 $e = 1$.

例 1 求顶点在原点,关于 x 轴对称,且经过点 $P(2, -5)$ 的抛物线的方程.

解 由题意可知:

抛物线的焦点在 x 轴正半轴上.

设抛物线的方程为 $y^2 = 2px$,且过点 $P(2, -5)$. 故

$$(-5)^2 = 2p \cdot 2.$$

得

$$2p = \frac{25}{2}.$$

因此，抛物线的标准方程为 $y^2=\frac{25}{2}x$.

例 2 一条隧道顶部的纵截面是抛物拱形，拱高是 1.1 m，跨度是 2.2 m，求拱形的抛物线方程.

解 如图 2－29 所示，建立直角坐标系，则设拱形的抛物线方程为 $x^2=-2py$，由于跨度是 2.2 m，因此 $x\in[-1.1,1.1]$，由于拱高是 1.1 m，因此，抛物线经过点 $M(1.1,-1.1)$，故

$$1.1^2=-2p(-1.1),$$

得

$$2p=1.1.$$

因此抛物线的方程为 $x^2=-1.1y, x\in[-1.1,1.1]$.

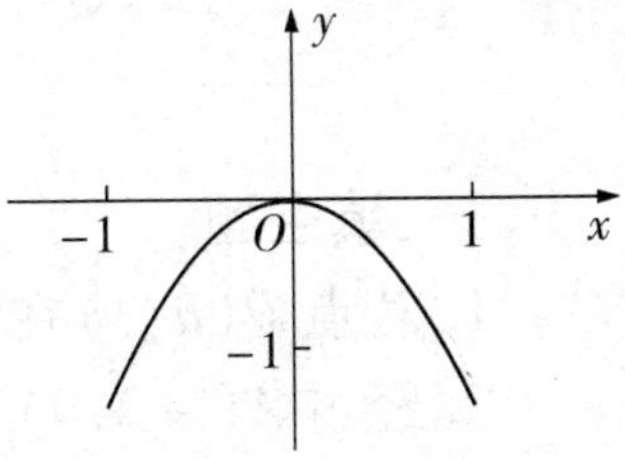

图 2－29

基础练习

1. 求满足下列条件的抛物线的标准方程：

(1) 对称轴为 x 轴，顶点在原点，且经过点 $P(1,-4)$；

(2) 对称轴为 y 轴，顶点在原点，且经过点 $Q(-1,6)$；

(3) 焦点是 $F(-5,0)$，顶点在原点；

(4) 顶点在原点，准线方程为 $y=-2$.

2. 求以椭圆 $\frac{x^2}{25}+\frac{y^2}{9}=1$ 的左焦点为焦点的抛物线标准方程.

3. 求直线 $x-y-1=0$ 与抛物线 $y^2=4x$ 是否有交点？如果有，求出交点.

提升练习

1. 已知抛物线的顶点在原点，对称轴为 x 轴，且经过点 $M(-3,6)$，求它的标准方程.

2. 过抛物线 $y^2=-4x$ 的焦点且斜率为 2 的直线交抛物线于两点，求直线的方程.

3. 探照灯的反光镜的轴截面是抛物线的一部分（见图 2－30）. 光源位于抛物线的焦点处，已知灯口圆的直径为 60 cm，灯深 40 cm，求抛物线的标准方程和焦点位置.

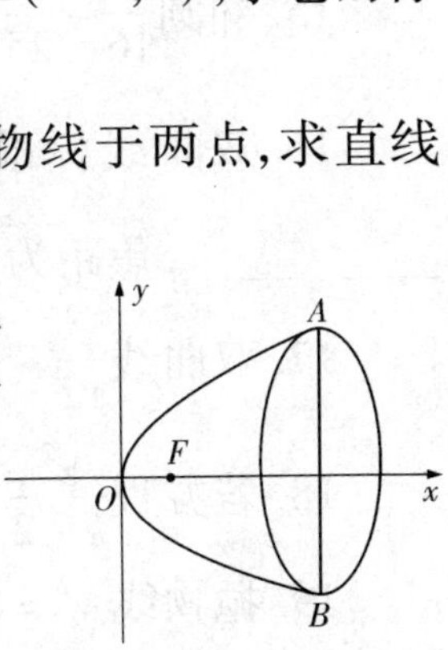

图 2－30

综合训练七

一、填空题

1. 若点 $P(a,3)$ 在直线 $y=2x+3$ 上，则 $a=$________.

2. 经过 $A(-2,0)$，$B(-5,3)$ 两点的直线的斜率是________.

3. 过点 $P(1,2)$，斜率是 4 的直线方程是________.

4. 倾斜角是 45°，在 y 轴上的截距是 3 的直线方程是________.

5. 过点 $A(3,-4)$ 且与 y 轴平行的直线方程是________.

6. 过点 $A(1,-2)$ 且与直线 $2x+3y+5=0$ 平行的直线方程是________.

7. 在 y 轴上的截距为 2，且垂直于直线 $x+3y=0$ 的直线方程是________.

8. 如果直线 $y=3x+1$ 与直线 $x+ay+1=0$ 互相垂直，则 a 的值是________.

9. 点 $A(-2,3)$ 到直线 $3x+4y-1=0$ 的距离是________.

10. 圆 $x^2+y^2+2x-4y=0$ 的圆心坐标是________.

11. 平面内与两个定点 F_1，F_2 的距离之和________（大于 $|F_1F_2|$）的点的________叫做椭圆.

12. 长轴长 20，焦距为 16，焦点在 x 轴上的椭圆标准方程是________.

13. 椭圆方程为 $\frac{x^2}{25}+\frac{y^2}{9}=1$，则其长轴长为________，短轴长为________，焦距为________.

14. 在椭圆的标准方程中 a,b,c 的关系为________.

15. 椭圆 $\frac{x^2}{16}+\frac{y^2}{25}=1$ 的焦点在________轴上.

16. 双曲线标准方程是 $\frac{x^2}{4}-\frac{y^2}{3}=1$，则其实轴长为________，虚轴长为________，焦距为________.

17. 双曲线 $\frac{x^2}{12}-\frac{y^2}{4}=1$ 的渐近线方程为________.

18. 若方程 $\frac{x^2}{k-2}-\frac{y^2}{5-k}=1$ 表示双曲线，则 k 的取值范围是________.

19. 抛物线 $y^2=8x$ 的焦点坐标是________.

20. 准线是 $x=2$ 的抛物线标准方程是________.

二、选择题

1. 如果经过两点 $P(-2,m)$ 和 $Q(m,4)$ 的直线的斜率等于 1，那么 m 的值是(　　).

A. 1　　B. 4

C. 1 或 3　　D. 1 或 4

2. 直线 $3x+2y-1=0$ 的斜率是(　　).

A. $-\frac{3}{2}$　　B. $-\frac{2}{3}$

C. $\frac{2}{3}$　　D. $\frac{3}{2}$

3. 两直线 $3x+y-1=0$ 和 $x+3y-1=0$ 的位置关系是(　　).

A. 平行　　B. 相交但不垂直

C. 垂直　　D. 不确定

4. 圆 $x^2+y^2-4x=1$ 的圆心坐标及半径分别是(　　).

A. $(2,0)$，5　　B. $(2,0)$，$\sqrt{5}$

C. $(0,2)$，$\sqrt{5}$　　D. $(2,2)$，5

5. 在平面内，到两定点 $F_1(-1,0)$ 和 $F_2(1,0)$ 的距离之和等于常数 1 的点的轨迹是(　　).

A. 椭圆　　B. 圆

C. 一条线段　　D. 不存在

6. 椭圆的方程为 $\frac{x^2}{36}+\frac{y^2}{16}=1$，下列各点中，在椭圆上的点是(　　).

A. $(5,4)$　　B. $(6,1)$

C. $(0,-6)$　　D. $(0,4)$

7. 长轴长 16，短轴长 8，焦点在 x 轴上的椭圆标准方程是(　　).

A. $\frac{x^2}{64}+\frac{y^2}{16}=1$　　B. $\frac{y^2}{64}+\frac{x^2}{16}=1$

C. $\frac{x^2}{16}+\frac{y^2}{8}=1$　　D. $\frac{y^2}{16}+\frac{x^2}{8}=1$

8. 双曲线 $\frac{x^2}{25}-\frac{y^2}{16}=1$ 的渐近线方程是(　　).

A. $y=\pm\frac{4}{5}x$　　B. $y=\pm\frac{16}{25}x$

C. $y=\pm\frac{5}{4}x$　　D. $y=\pm x$

9. 抛物线 $4x^2=y$ 的准线方程是( ).

A. $y=\frac{1}{16}$ B. $y=-\frac{1}{16}$

C. $x=\frac{1}{16}$ D. $x=-\frac{1}{16}$

10*. 若圆的圆心在直线 $x+y+6=0$ 上,并且它在 x 轴和 y 轴上截得的弦长都是 4,则该圆的方程为( ).

A. $(x+3)^2+(y+3)^2=13$ B. $(x+3)^2+(y+3)^2=25$

C. $(x-3)^2+(y-3)^2=13$ D. $(x-3)^2+(y-3)^2=25$

11*. 以抛物线 $y^2=-8x$ 的焦点为圆心,并与此抛物线的准线相切的圆的方程是( ).

A. $(x-2)^2+y^2=16$ B. $(x-2)^2+y^2=4$

C. $(x+2)^2+y^2=16$ D. $(x+2)^2+y^2=4$

三、解答题

1. 在坐标平面上画出下列方程的图形:

(1) $y=2x$; (2) $2x+3y+6=0$; (3) $x-y-5=0$.

2. 已知三角形三个顶点的坐标为 $A(0,2)$, $B(4,8)$, $C(-2,4)$,求三条中线的长.

3. 已知直线的方程为 $2x-5y+10=0$,求其斜率和在纵轴上的截距,并画出图形.

4. 求点 $(2,-3)$ 到直线 $2x+3y-4=0$ 的距离.

5. 求过点 $(-4,2)$,且与直线 $2x+4y-1=0$ 垂直的直线方程.

6. 求圆 $x^2+y^2-8y+12=0$ 的圆心坐标和半径.

7. 求经过三点 $A(-1,5)$, $B(5,5)$, $C(6,-2)$ 的圆的方程.

8. 求焦点在 x 轴上,过点 $A(2,\sqrt{3})$ 和 $B(0,-2)$ 的椭圆标准方程.

9. 求实轴长为 8,虚轴长为 4 的双曲线标准方程.

10. 求双曲线 $x^2-5y^2=5$ 的实轴长、虚轴长、焦距和渐近线方程.

11. 求以椭圆 $\frac{x^2}{25}+\frac{y^2}{9}=1$ 的左焦点为焦点的抛物线标准方程.

12. 图 2-31 是抛物线形拱桥示意图,当水面在 l 处时,拱顶离水面 2 m,水面宽 4 m,水下降1 m后,水面宽多少?

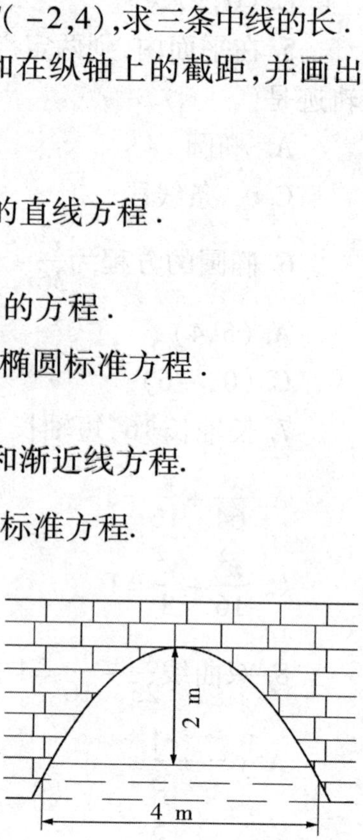

图 2-31

本章小结

本章的主要内容：直线的倾斜角与斜率；直线方程的点斜式、斜截式、一般式；两条直线平行、垂直的判定条件；点到直线的距离；圆的方程、椭圆、双曲线和抛物线的方程及其性质．

两点间的距离公式、线段中点坐标公式

(1)两点间的距离公式是 $|P_1P_2| = \sqrt{(x_2-x_1)^2+(y_2-y_1)^2}$，其中点 P_1 的坐标为 (x_1,y_1)，P_2 的坐标为 (x_2,y_2)．

(2)线段中点坐标公式是 $x=\dfrac{x_1+x_2}{2}$，$y=\dfrac{y_1+y_2}{2}$.

这两个公式是平面直角坐标系内的基本公式，在解析几何中的用途非常多．

一、直线的倾斜角、斜率

(1)倾斜角：直线 l 向上的方向与 x 轴的正方向所夹的最小正角叫做直线 l 的倾斜角．倾斜角一般用 α 表示．

(2)斜率：倾斜角的正切叫做直线的斜率．斜率用 k 表示，即 $k=\tan\alpha$，当 $\alpha=90^\circ$ 时，k 不存在．

(3)过已知点 $P_1(x_1,y_1)$，$P_2(x_2,y_2)$ 的直线的斜率为 $k=\dfrac{y_2-y_1}{x_2-x_1}$. 其中，当 $k>0$ 时，α 是锐角；当 $k<0$ 时，α 是钝角．

二、直线方程的几种形式

常见的直线方程：

名　称	点斜式	斜截式	一般式
已知条件	过点 $P(x_1,y_1)$，斜率为 k	纵截距为 b，斜率为 k	A,B 不全为0
方程形式	$y-y_1=k(x-x_1)$	$y=kx+b$	$Ax+By+C=0$

特殊位置的直线方程：

条　件	平行于 x 轴	x 轴	平行于 y 轴	y 轴
方程	$y=y_1$	$y=0$	$x=x_1$	$x=0$

三、平行、垂直的判定条件

设两直线的方程分别为 $l_1: y=k_1x+b_1$，$l_2: y=k_2x+b_2$，则

(1) $l_1 /\!/ l_2 \Leftrightarrow k_1=k_2$，且 $b_1 \neq b_2$；

(2) $l_1 \perp l_2 \Leftrightarrow k_1 \cdot k_2=-1$.

四、点到直线的距离

直线外一点 $P(x_0,y_0)$ 到直线 $l: Ax+By+C=0$ 的距离 $d=\dfrac{|Ax_0+By_0+C|}{\sqrt{A^2+B^2}}$.

五、圆的方程

(1) 圆心在 $C(a,b)$，半径为 r 的圆的标准方程是 $(x-a)^2+(y-b)^2=r^2$.

特殊情况：圆心在 $O(0,0)$，半径为 r 的圆的标准方程是 $x^2+y^2=r^2$.

(2) 圆的一般方程是 $x^2+y^2+Dx+Ey+F=0$，其中 D,E,F 满足 $\dfrac{D^2+E^2}{4}-F>0$.

(3) 已知圆经过三个已知点求方程，需用待定系数法求 D,E,F.

六、圆锥曲线

椭圆、双曲线、抛物线的定义、标准方程、图形和性质列表如下：

	椭圆	双曲线	抛物线
定义	与两个定点距离之和等于常数的点的轨迹	与两个定点距离之差的绝对值等于常数的点的轨迹	与一个定点和一条定直线的距离相等的点的轨迹
标准方程	$\dfrac{x^2}{a^2}+\dfrac{y^2}{b^2}=1\ (a>b>0)$	$\dfrac{x^2}{a^2}-\dfrac{y^2}{b^2}=1\ (a>0,b>0)$	$y^2=2px\ (p>0)$
图形	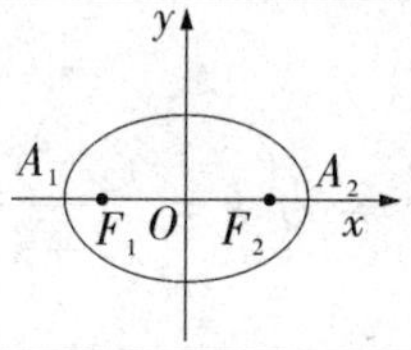	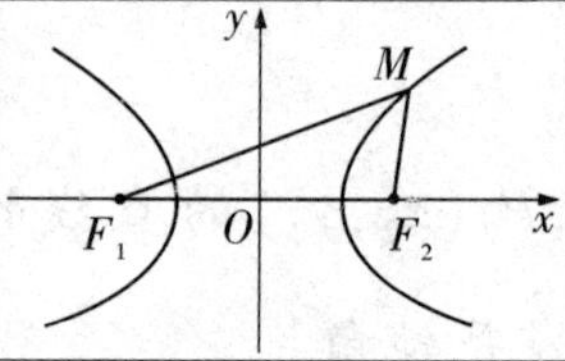	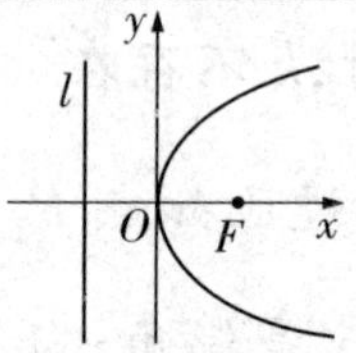
焦点坐标	$(-c,0),(c,0)$ $c=\sqrt{a^2-b^2}$	$(-c,0),(c,0)$ $c=\sqrt{a^2+b^2}$	$\left(\dfrac{p}{2},0\right)$
顶点坐标	$(-a,0),(a,0)$； $(0,-b),(0,b)$	$(-a,0),(a,0)$	$(0,0)$
对称轴	x 轴，长轴长 $2a$ y 轴，短轴长 $2b$	x 轴，实轴长 $2a$ y 轴，虚轴长 $2b$	x 轴
准线	$x=\pm\dfrac{a^2}{c}$	$x=\pm\dfrac{a^2}{c}$	$x=-\dfrac{p}{2}$
渐近线	无	$y=\pm\dfrac{b}{a}x$	无

从表中看出，在直角坐标系中，这三种曲线的方程都是二元二次方程，因此它们连同圆的方程一起统称二次曲线.

利用坐标法解决实际问题，最重要的是建立适当的坐标系.

第三章

立体几何

学习目标

1. 理解空间点、线、面的位置关系.

2. 理解并掌握空间中线面平行、垂直的有关性质与判定.

3. 掌握空间向量的线性运算、坐标表示、空间向量的数量积及其坐标表示,能运用向量的数量积判断向量的共线与垂直.

4. 理解并掌握面面平行、垂直的有关性质与判定.

5. 理解直线和平面所成的角,理解二面角的概念、二面角的平面角的概念.

数学博客

使用最久的数学教科书——《几何原本》

《几何原本》(The Elements)由希腊数学家欧几里得(Euclid,公元前330年—公元前275年)所著,是用公理方法建立演绎数学体系的最早典范.全书共13卷,第11卷为立体几何.从很少的几个定义、公理出发,推导出大量结果,最重要的是它给出的公理体系标志着演绎数学的成熟,主导了其后数学发展的主要方向,使公理化成为现代数学的根本特征之一.2 000多年来,它一直支配着几何的教学.因此,有人称《几何原本》为数学的《圣经》.

《几何原本》传入中国,首先应归功于明末科学家徐光启.徐光启(1562—1633)与意大利传教士利玛窦于1606年完成前6卷的翻译,1607年在北京印刷发行.1857年,后9卷的翻译由清代数学家李善兰(1811—1882)和英国人伟烈亚力合作完成.至此,欧几里得的这一伟大著作第一次完整地引入中国,对中国近代数学的发展起到了重要的作用.

第一节 平面及其基本性质

一、平面表示方法

立体几何研究的是空间图形. 在初中学习了平面几何,研究过一些如三角形、平行四边形等图形,这些图形是由平面内的点、线所构成的. 但在现实生活中,还会遇到许多由空间的点、线、面所构成的空间图形,如房屋、书桌、圆柱等.

点是空间中的最基本的要素. 空间可以看成是由点组成的集合,记作 U. 空间中任何一个图形都可以看成是由一些点组成的集合,因此它们可以看成是 U 的子集.

直线也是空间的基本要素. 两条直线作为 U 的子集是相等的,则称这两条直线重合.

经过空间中任意给定的两个不同的点,有且只有一条直线. 换句话说,空间中两个不同的点确定一条直线.

在生活中,还经常看到桌面、墙面、平静的湖面等,它们有一个共同的特征:平坦没有起伏. 平面和直线一样,都是无限延展的. 所以抽象出平面的概念,它是平坦而且可以无限伸展的图形, 并且没有厚度. 平面是空间的又一个基本要素. 平面通常用小写的希腊字母 $\alpha,\beta,\lambda,\cdots$表示,如图 3 - 1 所示.

由于一个无限伸展的平面无法在纸上表示出来,为了直观形象起见,人们常用平行四边形来表示平面,记作平面 $ABCD$ 或者平面 AC. 当一个平面的一部分被另一个平面遮住时,立体几何里规定:被遮部分的线段画成虚线或不画,如图 3 - 2 所示.

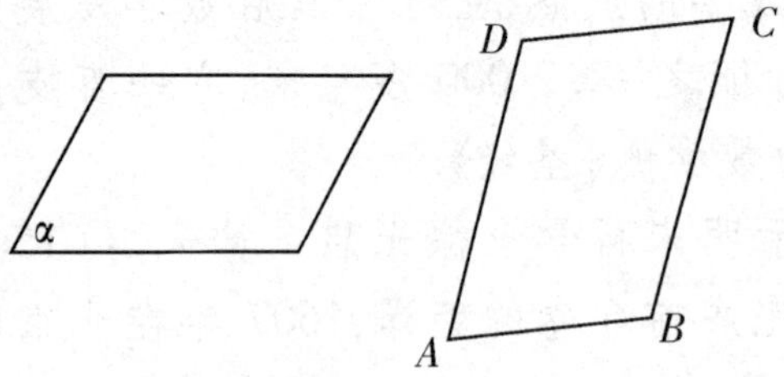

图 3 - 1

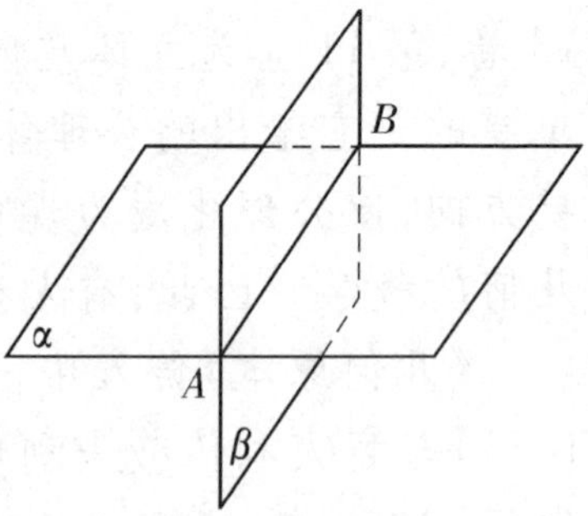

图 3 - 2

直线、平面可以看成是点的集合,因此它们之间的关系除了用文字和图形表示外,还可以借用集合中的符号语言来表示. 例如:

点 A 在直线 l 上,记作 $A\in l$;点 A 不在直线上,记作 $A\notin l$.

点 A 在平面 α 内,记作 $A\in\alpha$;点 A 不在平面 α 内,记作 $A\notin\alpha$.

直线 l 在平面 α 内,记作 $l\subset\alpha$;直线 l 不在平面 α 内,记作 $l\not\subset\alpha$.

直线 a 与直线 b 相交于点 A,记作 $a\cap b=A$;直线 l 与平面 α 相交于点 A,记作$l\cap\alpha=A$,等等.

基础练习

1. 能不能说一个平面长 4 m、宽 2 m? 为什么?

2. 试用集合符号表示:

(1)点 A 在直线 l 上,点 B 不在直线 l 上;

(2)点 A 在平面 α 内,而点 B 不在平面 α 内;

(3)平面 α 与平面 β 交于直线 l.

3. 画出相交的两个平面.

提升练习

1. 用符号表示下列语句,并画出图形:

(1)直线 l 在平面 α 内,但不在平面 β 内;

(2)平面 α 和平面 β 的相交直线是 l,点 A 在直线 l 上;

(3)直线 l 过平面 α 内一点,但 l 不在平面 α 内.

2. 3 个平面最多可把空间分成几部分?

二、平面的基本性质与判定

把一根拉紧的细绳的两端固定在桌面上,这根绳子和桌面有什么关系?

这根绳子紧贴在桌面上.由大量类似这样的事实总结出平面的一条基本性质,即

公理 1　如果一条直线上的两个点在一个平面内,那么这条直线上所有的点都在这个平面内.

此时称直线在平面内或平面经过直线,如图 3－3 所示.

图 3－3

平面和直线都是空间 U 的子集.直线 l 在平面 α 内,记作 $l\subset\alpha$.

两个平面如果作为空间 U 的子集是相等的,则称

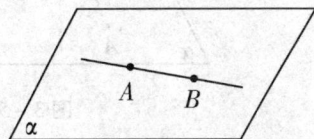

这两个平面重合.

用手拿一块硬纸板立在桌面上,那么硬纸板和桌面的所有公共点位于同一条直线上.从大量类似这样的事实总结出平面的另一条基本性质,即

公理 2　如果两个平面有一个公共点,那么它们有且只有一条通过这个点的公共直线.

此时称这两个平面相交,把所有公共点组成的直线叫做交线,如图 3－4 所示.

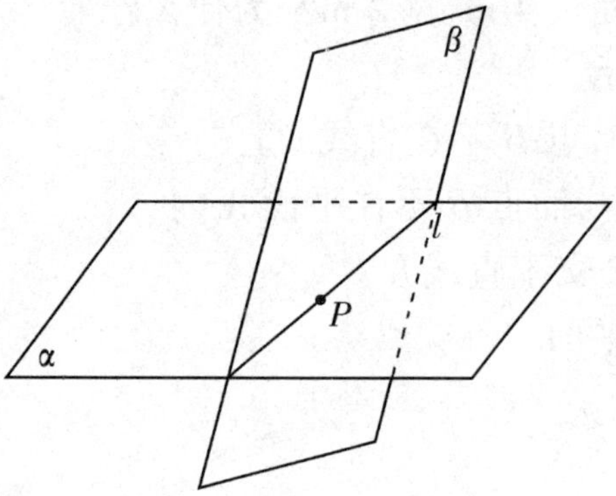

图 3－4

平面 α 与平面 β 相交,它们的交线是 l,记作 $\alpha\cap\beta=l$.

在桌面上要放几颗图钉(尖朝上)才能架起一块硬纸板?如果在桌面上只放一颗或两颗图钉(尖朝上),那么很难把一块硬纸板架起,而且也架不稳.如果在桌面上放置三颗图钉(尖朝上)而且它们不在一条直线上,那么很容易架起一块硬纸板,并且架得稳,从类似这样的大量事实总结出如何确定一个平面,即

公理 3　经过不在同一直线上的三点,有且只有一个平面.

换句话说,不共线的三点确定一个平面,如图 3－5 所示.

由公理 3 可以得出推论 1,如图 3－6 所示.

推论 1　经过一条直线和这条直线外的一点,有且只有一个平面.

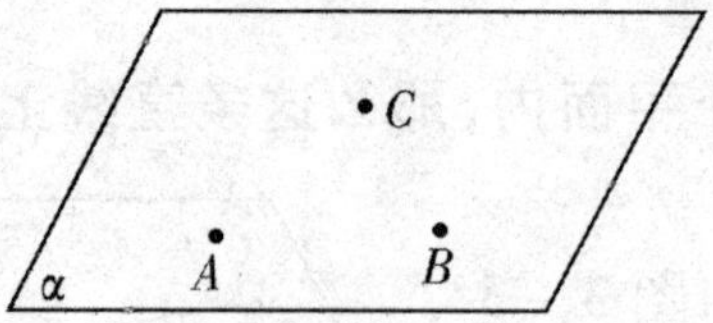

图 3－5

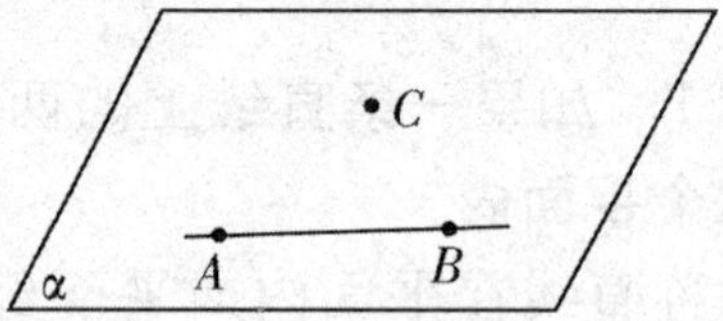

图 3－6

由推论 1 得出推论 2,如图 3－7 所示.

推论 2　经过两条相交直线,有且只有一个平面.

由推论 1 得出推论 3,如图 3－8 所示.

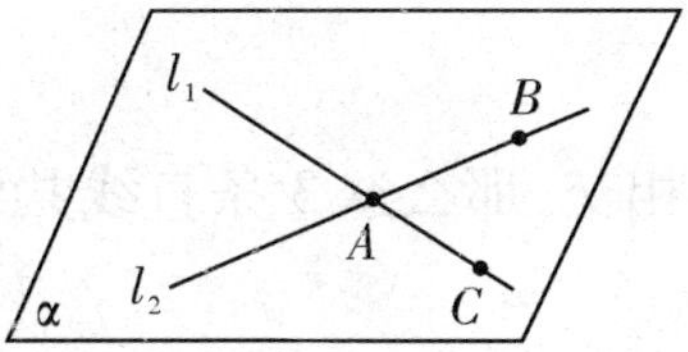

图 3 –7

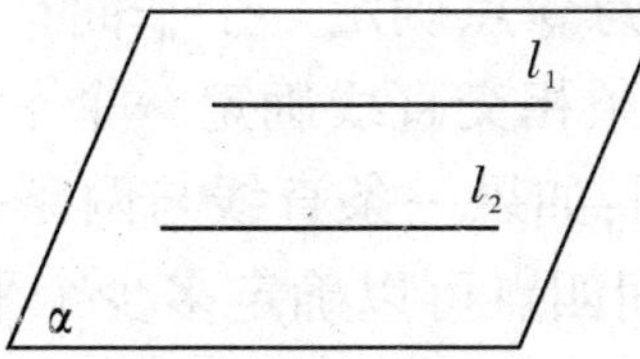

图 3 –8

推论 3　经过两条平行直线,有且只有一个平面.

如果几个点(或几条直线)在同--平面内,则称这些点(或这些直线)共面;否则称它们不共面.

例 1　如何用一根直尺来检查课桌面是否平坦?

解　用一根直尺沿着两个不同的方向平移,每次平移都使它上面有两个点贴着课桌面,检查直尺上的其他所有点是否都贴着课桌面. 如果是,那么课桌面平坦;否则,课桌面不平坦. 这样做的理论根据是公理 1 和推论 2.

例 2*　证明:两两相交且不过同一个点的 3 条直线共面.

已知:如图 3 –9 所示,3 条直线两两相交,交点分别为 A,B,C.

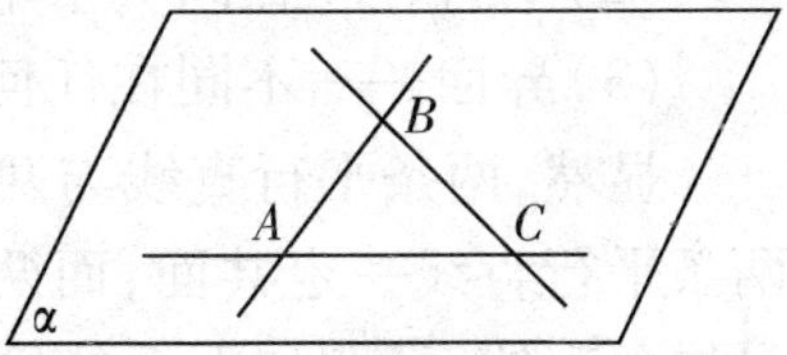

图 3 –9

求证:直线 AB,BC,AC 共面.

证明　相交直线 AB 与 BC 确定一个平面 α.

于是点 $A\in\alpha$,且点 $C\in\alpha$,从而直线 $AC\subset\alpha$. 因此直线 AB,BC,AC 共面.

基础练习

1. 如果线段 AB 在平面 α 内,那么直线 AB 是否也在平面 α 内? 为什么?

2. 一条直线 l 过平面 α 内一点与平面 α 外一点,试问这条直线与这个平面有几个公共点? 为什么?

3. 照相机为什么要用三脚架来支撑?

4. 过同一点的三条直线最多可以确定多少个平面? 三条直线两两平行且不共面,每两条直线确定一平面,一共可以确定几个平面?

提升练习

1. 判断下列命题的真假:

(1)平面 α 和平面 β 只有一个公共点;

(2)过一条直线的平面有无穷多个;

(3)任意3点确定一个平面;

(4)两条相交直线确定一个平面.

2. 证明:如果一条直线与两条平行直线都相交,那么这3条直线共面.

3. 空间四点可以确定多少个平面?

4. 怎样用两根细绳来检查一张桌子的四条腿的底部是否在同一个平面内?

5. 三角形、平行四边形是否一定是平面图形?为什么?

第二节 直线与直线的位置关系

我们知道,在同一个平面内的两条直线的位置关系只有两种:平行和相交.

观察六角螺母或教室中黑板的横边和窗户的竖边后,发现它们不同在任何一个平面内,称他们是异面直线. 因此,空间两条直线的位置关系有且只有下列3种.

(1)相交——在同一个平面内,有且只有一个公共点;

(2)平行——在同一个平面内,且无公共点;

(3)异面——不同在任何一个平面内,无公共点.

显然,两条平行直线与两条异面直线都没有公共点,但它们有本质的不同:两条平行直线一定共面,而两条异面直线一定不共面. 如图3-10所示,l_1 与 l_2 是异面直线. 证明如下面的例题.

例 证明:平面内一点与平面外一点的连线和平面内不经过该点的直线是异面直线.

已知:平面 α 内一条直线 l_1,点 $A\in\alpha$,且 $A\notin l_1$,点 $B\notin\alpha$,如图3-10所示.

求证:直线 AB 与 l_1 是异面直线.

证明 假如直线 AB 与 l_1 在同一个平面内,那么这个平面经过直线 l_1 和点 A,而经过 l_1 和点 A 的平面只有一个,即平面 α,因此直线 $AB\subset\alpha$. 从而点 $B\in\alpha$. 这与已知 $B\notin\alpha$ 矛盾. 所以直线 AB 与 l_1 是异面直线.

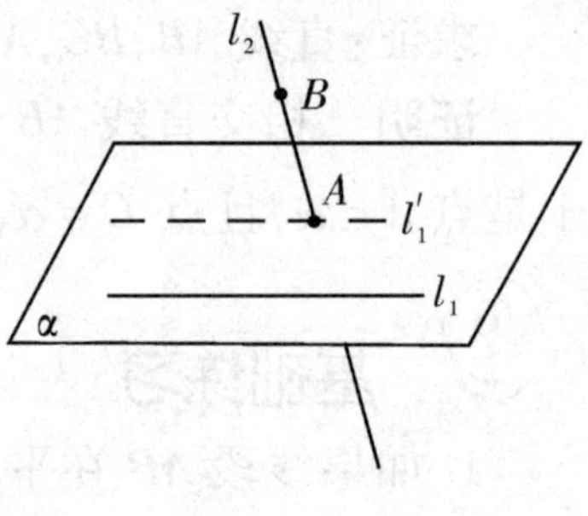

图3-10

在同一平面内,如果两条不重合的直线都和第三条直线平行,那么这两条直线平行吗?

根据初中数学知识可知,这两条直线平行. 这个结论称为平行关系的传递性. 在空间中直线的平行关系也有传递性.

公理4 平行于同一条直线的两条直线互相平行.

我们把这个结论作为一个公理,不必证明,可直接应用. 例如,三棱镜的三条棱,若 $AA'\parallel BB'$,$CC'\parallel BB'$,则有 $AA'\parallel CC'$(见图3-11).

基础练习

1. 说出图 3 - 12 的正方体中各对线段所在直线的位置关系：

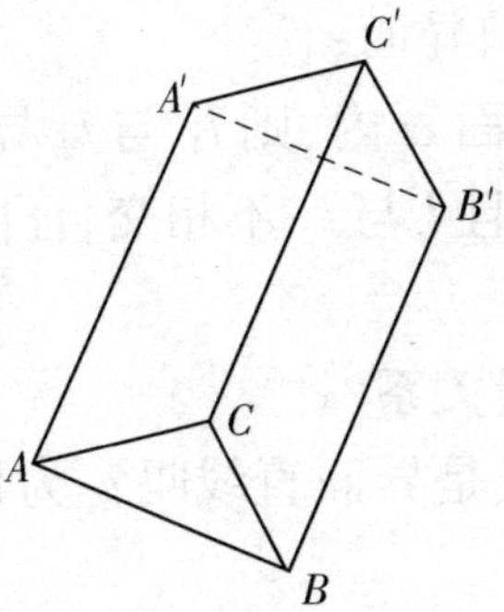

图 3 - 11

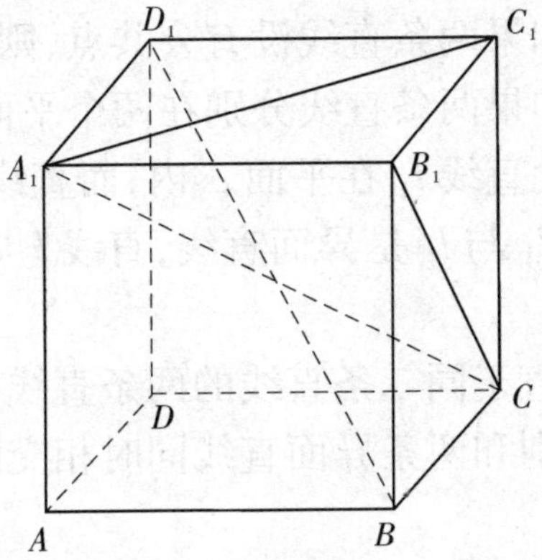

图 3 - 12

(1) AB 和 CC_1；
(2) A_1C 和 BD_1；
(3) A_1A 和 CB_1；
(4) A_1C_1 和 CB_1；
(5) A_1B_1 和 DC；
(6) BD_1 和 DC.

2. 空间的两条直线不平行就一定相交吗？

3. 把一张长方形的纸对折两次，打开后如图 3 - 13 所示，说明为什么这些折痕是互相平行的？

4. 设四边形 $ABCD$ 是空间四边形（4 个顶点不共面的四边形），E,F,G,H 分别是边 AB,BC,CD,DA 的中点，如图 3 - 14 所示. 证明：四边形 $EFGH$ 是平行四边形.

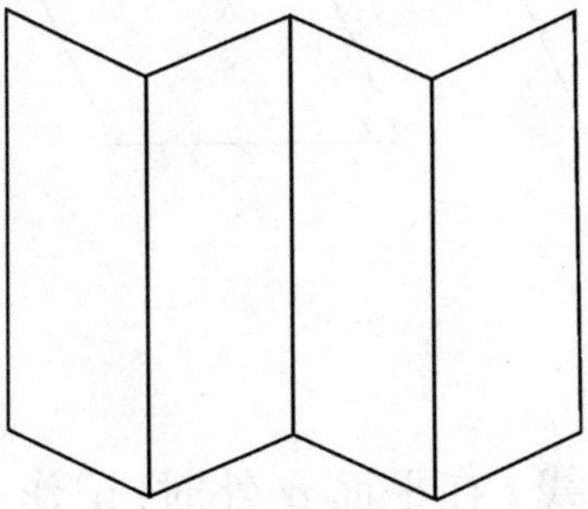
图 3 - 13

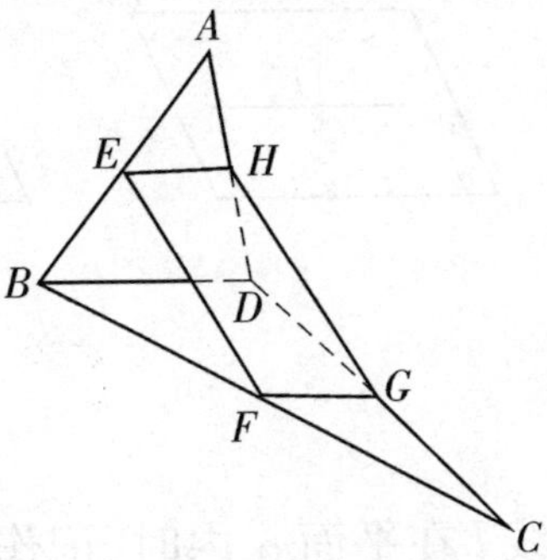

图 3 - 14

提升练习

1. 判断下列命题的真假：

(1)如果两条直线没有公共点，则它们平行；

(2)如果两条直线分别在两个平面内，则它们异面；

(3)设直线 l_1 在平面 α 内，而直线 l_2 不在平面 α 内，则 l_1 与 l_2 异面.

2. 设 l_1 与 l_2 是异面直线，直线 l 与 l_1 平行，且 l 与 l_2 不相交，证明：l 与 l_2 是异面直线.

3. 垂直于同一条直线的两条直线有几种位置关系？

4. 分别和两条异面直线同时相交的两条直线是异面直线吗？为什么？

第三节　直线与平面的位置关系

观察教室的门框边缘与各墙面和地面的关系，它们反映出直线和平面之间存在着的不同位置关系. 生活中，跳高比赛时，横杆必须与地面平行，这样才能保证运动员成绩测量的准确性. 在工作台上钻削与工作台平面成垂直孔时，必须保证钻头与工作平面垂直. 如果把跳高用的横杆和钻头看成直线，那么它们反映的也是直线和平面的位置关系问题.

一条直线和一个平面的位置关系有且只有以下 3 种：

(1)直线在平面内——有两个(从而有无穷多个)公共点；

(2)直线和平面相交——有且只有一个公共点；

(3)直线和平面平行——没有公共点.

把直线和平面相交或平行的情况统称为直线在平面外(见图 3－15).

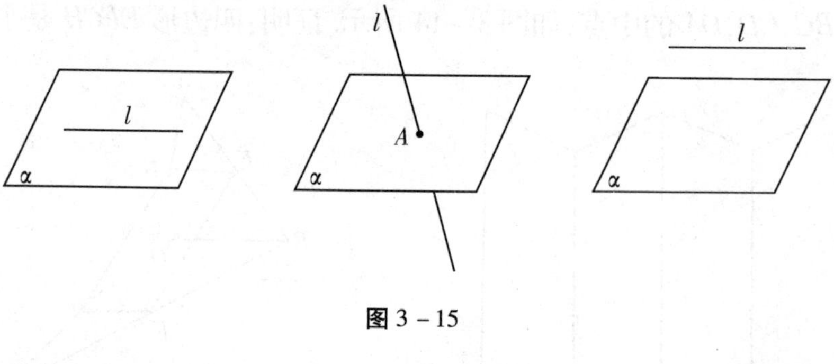

图 3－15

当直线 l 在平面 α 内时，记作 $l\subset\alpha$；当直线 l 在平面 α 外时，记作 $l\not\subset\alpha$；当直线 l 与 α 平行时，记作 $l/\!/\alpha$；当直线 l 与 α 相交于点 A 时，记作 $l\cap\alpha=\{A\}$，简记作 $l\cap\alpha=A$.

如果平面外一条直线和这个平面内一条直线平行，那么这条直线和这个平面平行吗？

直线与平面平行的判定定理　如果平面外一条直线和这个平面内的一条直线平行，那么这条直线和这个平面平行.

例1　空间四边形（即4个顶点不共面的四边形）相邻两边中点的连线，平行于经过另外两边的平面.

已知：空间四边形 $ABCD$ 中，E，F 分别是 AB，AD 的中点，平面 α 经过 BC 和 CD，如图3－16所示.

求证：直线 $EF /\!/ \alpha$.

证明　连接 BD. 在 $\triangle ABD$ 中，由已知条件得，$EF /\!/ BD$. 由于 $EF \not\subset \alpha$，$BD \subset \alpha$，因此 $EF /\!/ \alpha$.

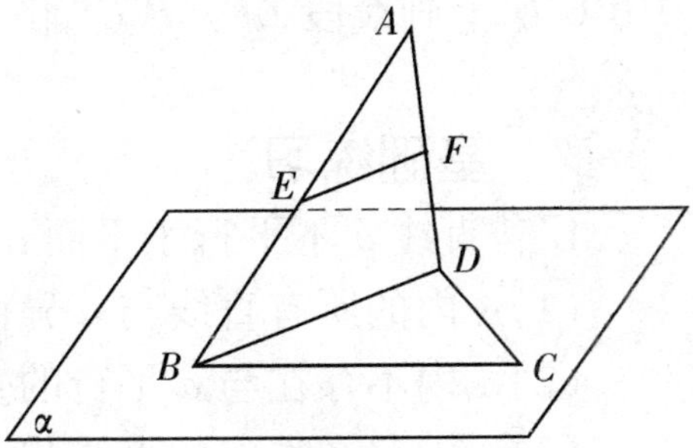

图3－16

设想判定定理的逆命题成立吗？如果直线 l 和平面 α 平行，那么直线 l 和 α 内的任意一条直线平行吗（见图3－17）？

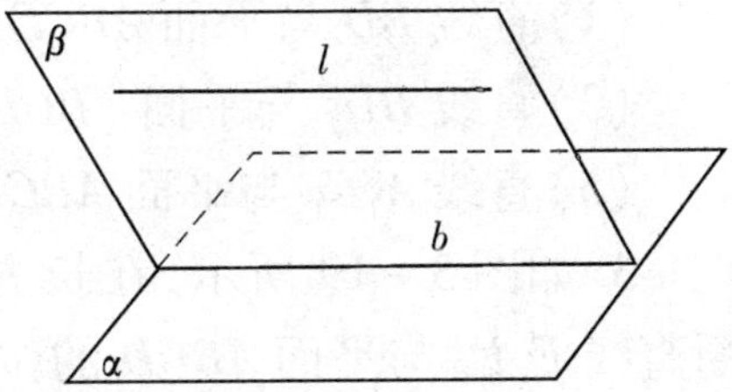

图3－17

直线和平面平行的性质定理　如果一条直线和一个平面平行，经过这条直线的平面和这个平面相交，那么这条直线就和交线平行.

例2　有一块木料如图3－18所示，已知棱 BC 平行于平面 $A'B'C'D'$. 要经过木料表面 $A'B'C'D'$ 内的一点 P 和棱 BC 将木料锯开，应怎样画线？所画的线和平面 AC 有什么关系？

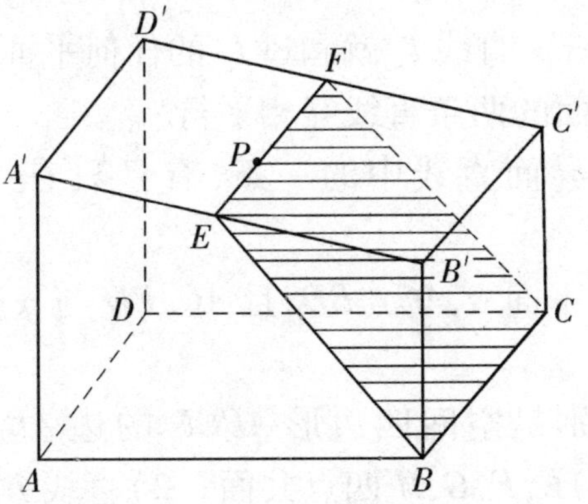

图3－18

分析 点 P 和棱 BC 确定一个平面 PBC. 为了沿平面 PBC 把木料锯开,必须先画平面 PBC 与木料表面 $A'B'C'D'$ 的交线 EF,然后连接 EB,FC,即得锯线.

解 因为直线 BC∥平面 $A'B'C'D'$,平面 BC' 经过直线 BC 和平面 $A'B'C'D'$ 交于直线 $B'C'$,所以 $BC \parallel B'C'$. 因此根据线面平行的性质定理,经过点 P,在平面 $A'B'C'D'$ 上画线段 $EF \parallel B'C'$,由公理 4 得,$EF \parallel BC$. 连接 EB,FC,即得锯线.

基础练习

1. 若直线 a 不平行于平面 α,且 $a \not\subset \alpha$,则下列结论成立的是(　　)

(1) α 内的所有直线与 a 异面;

(2) α 内不存在与 a 平行的直线;

(3) α 内存在唯一的直线与 a 平行;

(4) α 内的直线与 a 都相交.

2. 如图 3－19 所示,在长方体中,说出下列线段所在的直线与长方体的面所在的平面的位置关系:

(1) 直线 BD 与平面 $ABCD$;　　(2) 直线 BB_1 与平面 $ABCD$;

(3) 直线 BD_1 与平面 $ABCD$;　　(4) 直线 B_1C_1 与平面 $ABCD$;

(5) 直线 A_1C_1 与平面 $ABCD$.

3. 如图 3－19 所示,在长方体中,设 E_1,F_1 分别是棱 A_1B_1,B_1C_1 的中点,判断直线 E_1F_1 与平面 $ABCD$ 的位置关系,并说明理由.

提升练习

1. 判断下列命题的真假:

(1) 一条直线和一个平面平行,这条直线就和这个平面内的任何一条直线平行;

(2) 直线 l_1 与 l_2 平行,直线 l_1 就和过 l_2 的任何平面平行;

(3) 平行于同一平面的两条直线互相平行.

2. 证明:经过两条异面直线中的一条,有且只有一个平面与另一条直线平行.

3. 证明:已知 AB∥平面 α,$AC \parallel BD$,且 AC,BD 与 α 分别交于点 C,D.

求证:$AC = BD$.

4. 设 E,F,G,H 分别是空间四边形 $ABCD$ 的边 AB,BC,CD,DA 的中点,如图 3－20所示,证明:(1) E,F,G,H 四点共面;(2) 直线 BD 平行于平面 $EFGH$.

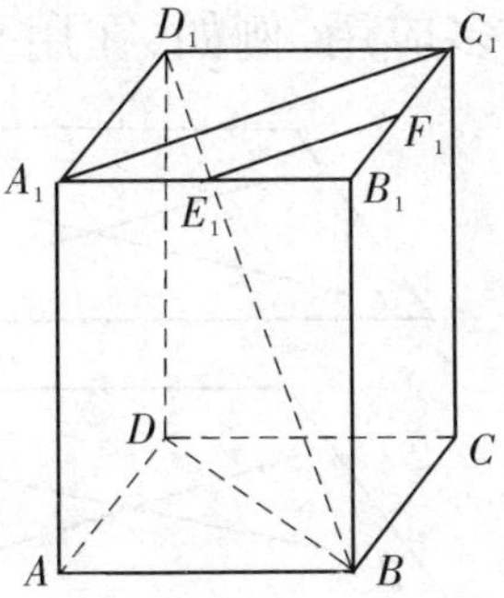

图 3 - 19

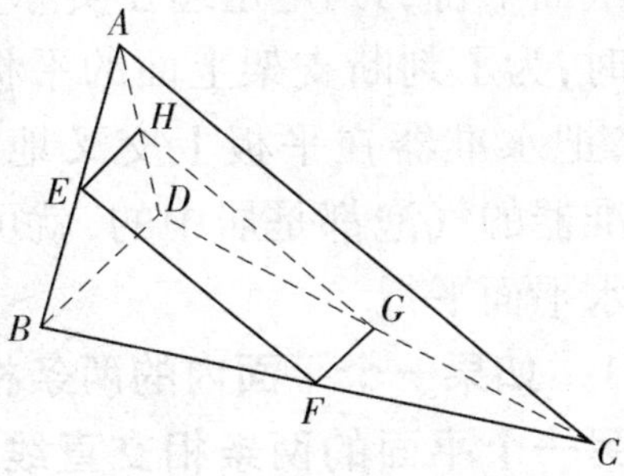

图 3 - 20

第四节　平面与平面的位置关系

教室里天花板与地面有没有公共点?

教室里一扇墙面与地面有没有公共点?有多少公共点?这些公共点的关系怎样?

教室里的黑板所在的平面与该墙面所在的平面有多少公共点?这些公共点的关系怎样?

空间两个平面的位置关系有且只有下述 2 种情形:

(1)两个平面平行——没有公共点;

(2)两个平面相交——所有公共点位于一条直线上.

那么如何画出两个平行平面和两个相交平面呢?

画两个平行平面的要点是:表示平面的平行四边形的对应边相互平行(见图 3 - 21). 平面 α 和 β 平行,记作 $\alpha /\!/ \beta$. 平面 α 与平面 β 相交,记作 $\alpha \cap \beta = a$.

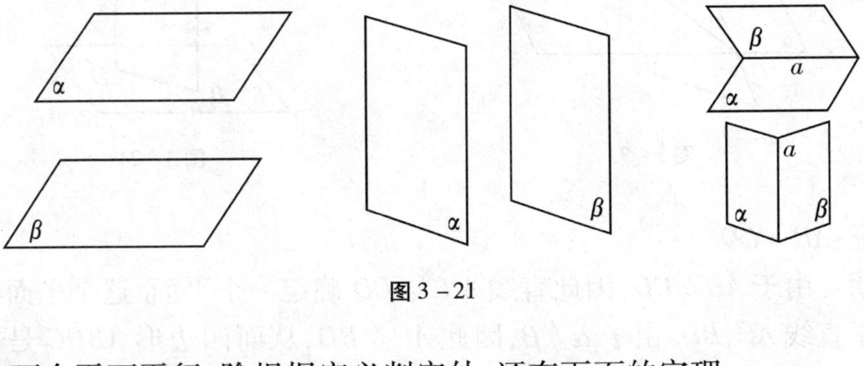

图 3 - 21

判定两个平面平行,除根据定义判定外,还有下面的定理.

平面与平面平行的判定定理　如果一个平面内有两条相交直线分别平行于另一个平面,那么这两个平面平行.

两个平面平行的判定定理在实际生活中有许多应用. 例如,在用平板仪进行水平测量时,为了判断支架上面的平板是否与水平面平行,把水准器在平板上交叉地放两次,如果每次水准器的气泡都是居中的,就可以判定这个平板和水平面平行.

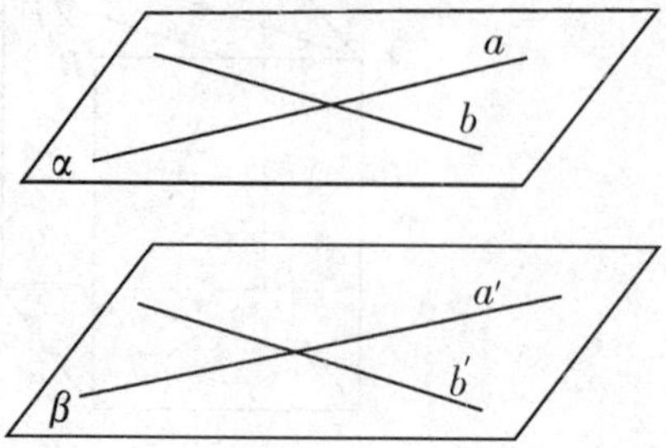

图 3－22

推论 1　如果一个平面内的两条相交直线分别平行于另一个平面的两条相交直线,那么这两个平面平行(见图 3－22).

推论 2　垂直于同一直线的两个平面平行.

生活中安装车轮时,只要使轮轴两端的两个车轮都垂直于轴,这两个车轮就互相平行.

教室里天花板与左墙面的交线 l_1,跟地面与左墙面的交线 l_2 之间的位置关系如何?

平面与平面平行的性质定理　如果两个平行平面同时和第三个平面相交,那么它们的交线平行(见图 3－23).

例　证明:夹在两个平行平面内的平行线段的长度相等.

已知:平面 α 与平面 β 平行, A, C 是 α 上两点, B, D 是 β 上两点,且 $AB /\!/ CD$,如图 3－24 所示.

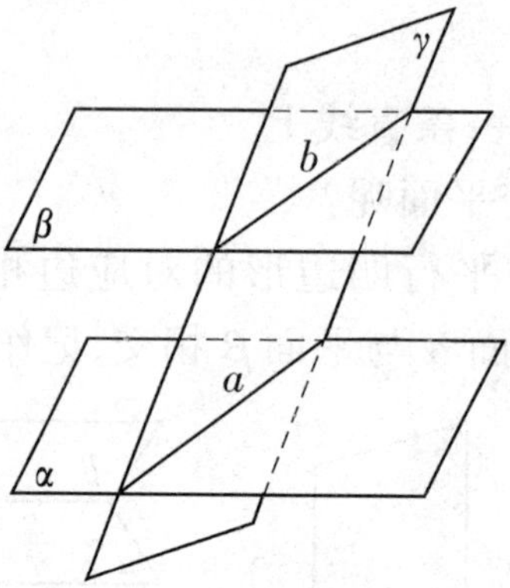

图 3－23

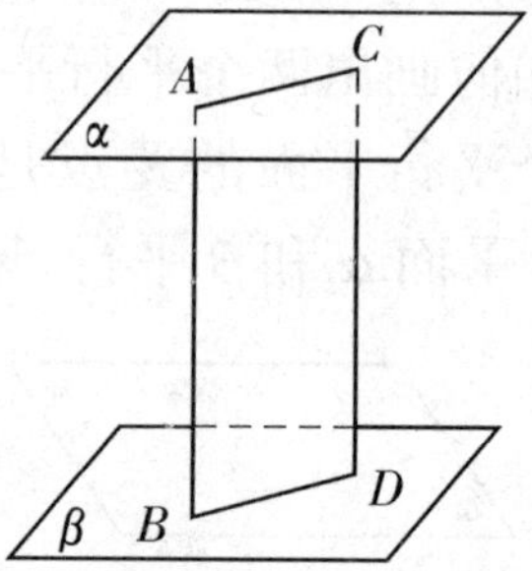

图 3－24

求证:$AB = CD$.

证明　由于 $AB /\!/ CD$,因此直线 AB 与 CD 确定一个平面. 这个平面与 α, β 分别相交于直线 AC, BD. 由于 $\alpha /\!/ \beta$,因此 $AC /\!/ BD$,从而四边形 $ABDC$ 是平行四边形. 于是对边 AB 与 CD 的长度相等.

基础练习

1. 有一木块如图 3－25 所示，E，F，G 分别是棱 SA，SB，SC 的中点，连接 EF，FG，GE，沿着所画的线 EF，FG，GE，把木块据开，则下半块的上底面 EFG 与下底面 ABC 平行，为什么？

2. 正方体各面所在平面将空间分成几部分？

3. 如图 3－26 所示，已知长方体 $ABCD—A_1B_1C_1D_1$.

(1) 在六个面中，找出与棱 AB 所在直线平行的平面.

(2) 在六个面中，找出互相平行的平面.

(3) 在六个面中，找出 3 对相交平面，并说出它们的交线.

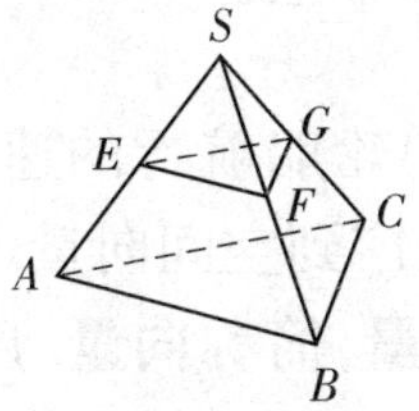

图 3－25

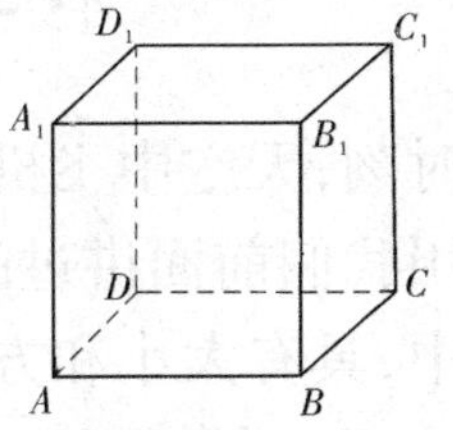

图 3－26

提升练习

1. 判断下列命题的真假：

(1) 如果一个平面内的两条直线平行于另一个平面，那么这两个平面平行；

(2) 如果一个平面内的任何一条直线都平行于另一个平面，那么这两个平面平行；

2. 证明：经过平面外一点有且只有一个平面与这个平面平行.

3. 已知两个平面平行，求证：过其中一个平面上一点且平行于另一个平面的直线，在这个平面内.

4. 已知，直线 AA'，BB'，CC' 相交于点 O，$AO=A'O$，$BO=B'O$，$CO=C'O$，且 A，B，C，A'，B'，C' 不在一个平面内，求证：平面 ABC // 平面 $A'B'C'$.

5. 如图 3－27 所示，一个正方体的木块，E，F，G 分别是棱 A_1B_1，B_1B，B_1C_1 的中点，连接 EF，FG，GE. 沿着所画的线 EF，FG，GE 把木块据开. 证明：平面 EFG 与平面 A_1BC_1 平行.

6. 以平面 α 内不共线的三点 A，B，C 为端点，在 α 的同侧分别引三条互相平行且长度相等的线段 AA_1，BB_1，CC_1. 证明：过三点 A_1，B_1，C_1 的平面 β 与平面 α 平行（见图 3－28）.

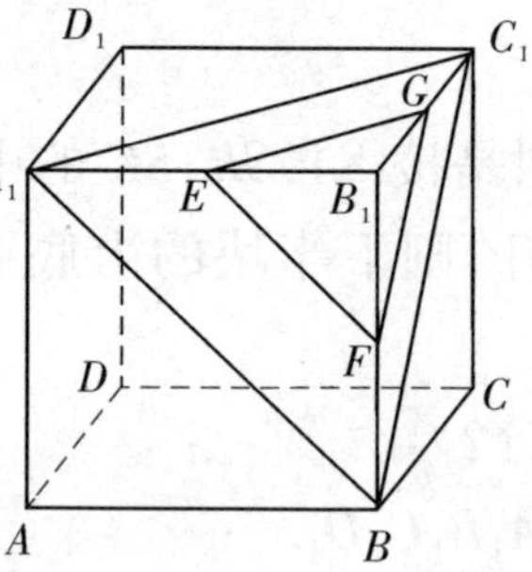

图 3-27

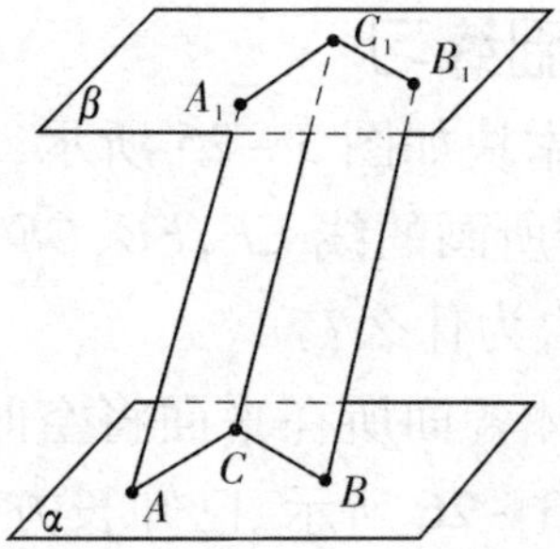

图 3-28

第五节　空间向量

在某一时刻，天空中飞机的飞行速度、大海中轮船航行的速度，数学上怎样来表示？利用我们前面讲过的平面向量的概念推广到空间向量.

在空间中，具有大小和方向的量叫做**空间向量**，简称**向量**. 用空间中的有向线段$\overrightarrow{AB}$也可表示，叫做向量$\overrightarrow{AB}$. 长度为 0 的向量叫做**零向量**，记作 $\mathbf{0}$，它的方向不确定. 长度为 1 的向量叫做**单位向量**. 长度相等且方向相同的有向线段表示的向量是**相等的向量**. 与非零向量 $\boldsymbol{a}$ 长度相等且方向相反的向量，叫做 $\boldsymbol{a}$ 的**负向量**，记作 $-\boldsymbol{a}$.

一组向量如果用同一起点的有向线段表示后，这些有向线段在同一个平面内，则称这组向量**共面**；否则称为不共面. 例如，图 3-29 的正方体中，向量$\overrightarrow{AB}$，$\overrightarrow{AC}$，$\overrightarrow{AD}$是共面的；$\overrightarrow{AB}$，$\overrightarrow{AD}$，$\overrightarrow{AA_1}$是不共面的.

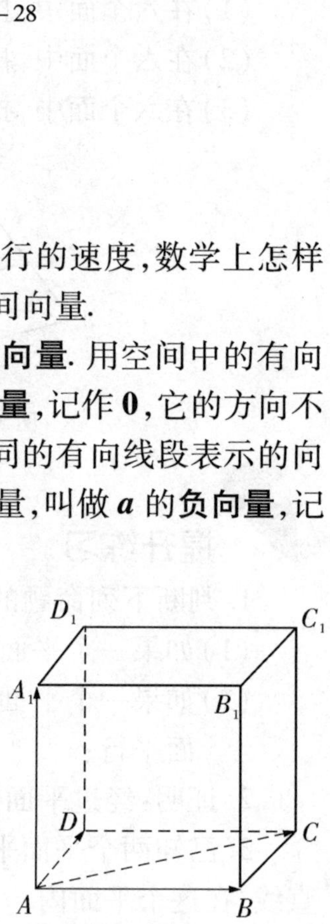

图 3-29

为了利用空间向量解决空间图形的问题，我们要了解空间向量的基本定理.

空间向量的基本定理　在空间中取定三个不共面的向量 $\boldsymbol{e}_1,\boldsymbol{e}_2,\boldsymbol{e}_3$. 则空间中每一个向量 $\boldsymbol{a}$ 都可以唯一地表示成 $\boldsymbol{e}_1,\boldsymbol{e}_2,\boldsymbol{e}_3$ 的线性组合：

$$\boldsymbol{a}=a_1\boldsymbol{e}_1+a_2\boldsymbol{e}_2+a_3\boldsymbol{e}_3,$$

其中 a_1,a_2,a_3 是实数.

空间中取定的 3 个不共面向量 $\boldsymbol{e}_1,\boldsymbol{e}_2,\boldsymbol{e}_3$ 称为空间的一个基. 上式中的系数组成的 3 元有序数组 (a_1,a_2,a_3) 称为向量 $\boldsymbol{a}$ 在基 $\boldsymbol{e}_1,\boldsymbol{e}_2,\boldsymbol{e}_3$ 下的坐标.

例 1　如图 3-30 所示，正方体的棱 AB,AD,AA_1 不共面. 取$\overrightarrow{AB}$，$\overrightarrow{AD}$，$\overrightarrow{AA_1}$为空间的一个基. 分别求向量$\overrightarrow{AB}$，$\overrightarrow{AC_1}$在这个基下的坐标.

解 因为

$$\overrightarrow{AB}=1\,\overrightarrow{AB}+0\,\overrightarrow{AD}+0\,\overrightarrow{AA_1},$$

所以，$\overrightarrow{AB}$在基$\overrightarrow{AB}$，$\overrightarrow{AD}$，$\overrightarrow{AA_1}$下的坐标是(1,0,0).

$$\overrightarrow{AC_1}=\overrightarrow{AC}+\overrightarrow{CC_1}=\overrightarrow{AB}+\overrightarrow{AD}+\overrightarrow{AA_1},$$

所以，$\overrightarrow{AC_1}$在基$\overrightarrow{AB}$，$\overrightarrow{AD}$，$\overrightarrow{AA_1}$下的坐标是(1,1,1).

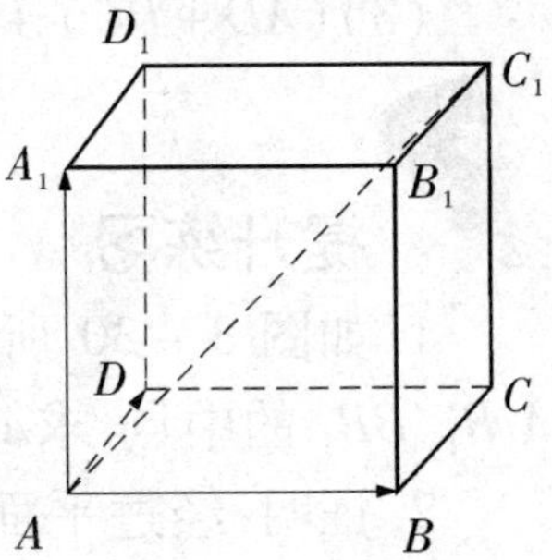

图 3－30

我们用平面向量的坐标来作向量的加法、减法、数乘运算. 对于空间向量也可以这么做.

在空间中取一个基 $\boldsymbol{e}_1,\boldsymbol{e}_2,\boldsymbol{e}_3$. 设

$$\boldsymbol{a}=a_1\boldsymbol{e}_1+a_2\boldsymbol{e}_2+a_3\boldsymbol{e}_3,$$

$$\boldsymbol{b}=b_1\boldsymbol{e}_1+b_2\boldsymbol{e}_2+b_3\boldsymbol{e}_3,$$

则

$$\begin{aligned}\boldsymbol{a}+\boldsymbol{b}&=a_1\boldsymbol{e}_1+a_2\boldsymbol{e}_2+a_3\boldsymbol{e}_3+b_1\boldsymbol{e}_1+b_2\boldsymbol{e}_2+b_3\boldsymbol{e}_3\\&=(a_1+b_1)\boldsymbol{e}_1+(a_2+b_2)\boldsymbol{e}_2+(a_3+b_3)\boldsymbol{e}_3,\\\boldsymbol{a}-\boldsymbol{b}&=a_1\boldsymbol{e}_1+a_2\boldsymbol{e}_2+a_3\boldsymbol{e}_3-(b_1\boldsymbol{e}_1+b_2\boldsymbol{e}_2+b_3\boldsymbol{e}_3)\\&=(a_1-b_1)\boldsymbol{e}_1+(a_2-b_2)\boldsymbol{e}_2+(a_3-b_3)\boldsymbol{e}_3,\\k\boldsymbol{a}&=(ka_1)\boldsymbol{e}_1+(ka_2)\boldsymbol{e}_2+(ka_3)\boldsymbol{e}_3.\end{aligned}$$

综合上式可以看出：

两个向量的和(差)的坐标等于它们的坐标的和(差)；

实数 k 与向量 $\boldsymbol{a}$ 的乘积 $k\boldsymbol{a}$ 的坐标等于 k 乘以 $\boldsymbol{a}$ 的坐标.

例 2 设向量 $\boldsymbol{a}$，$\boldsymbol{b}$ 在基 $\boldsymbol{e}_1,\boldsymbol{e}_2,\boldsymbol{e}_3$ 下的坐标分别是(2，－1,5)，(－3,7,4). 求 $\boldsymbol{a}+\boldsymbol{b}$，$3\boldsymbol{a}$，$2\boldsymbol{a}-\boldsymbol{b}$ 在这个基下的坐标.

解 $\boldsymbol{a}+\boldsymbol{b}$，$3\boldsymbol{a}$，$2\boldsymbol{a}-\boldsymbol{b}$ 在这个基下的坐标分别为

$$(2,-1,5)+(-3,7,4)=(-1,6,9),$$

$$3(2,-1,5)=(6,-3,15),$$

$$2(2,-1,5)-(-3,7,4)=(4,-2,10)-(-3,7,4)=(7,-9,6)$$

基础练习

1. 如图 3－30 所示，正方体中，下列每组三个向量是否共面？

(1) $\overrightarrow{AB}$，$\overrightarrow{BC}$，$\overrightarrow{AD}$； (2) $\overrightarrow{AB}$，$\overrightarrow{AD}$，$\overrightarrow{DD_1}$；

(3) $\overrightarrow{BA}$，$\overrightarrow{BC}$，$\overrightarrow{BB_1}$； (4) $\overrightarrow{AB}$，$\overrightarrow{A_1B_1}$，$\overrightarrow{B_1C_1}$.

2. 如图 3－30 所示，取$\overrightarrow{AB}$，$\overrightarrow{AD}$，$\overrightarrow{AA_1}$为空间的一个基，求$\overrightarrow{AD}$，$\overrightarrow{AA_1}$，$\overrightarrow{CD}$，$\overrightarrow{DD_1}$，$\overrightarrow{A_1D_1}$，$\overrightarrow{BD_1}$，$\overrightarrow{DB_1}$，$\overrightarrow{CA_1}$在这个基下的坐标.

3. 图 3－31 长方体中，求：

(1) $\overrightarrow{DD_1}+\overrightarrow{AD}$； (2) $\overrightarrow{AA_1}+\overrightarrow{BC}$；

(3) $(\overrightarrow{AD}+\overrightarrow{DC})+\overrightarrow{CC_1}$；　　(4) $\overrightarrow{AD}+(\overrightarrow{DC}+\overrightarrow{CC_1})$.

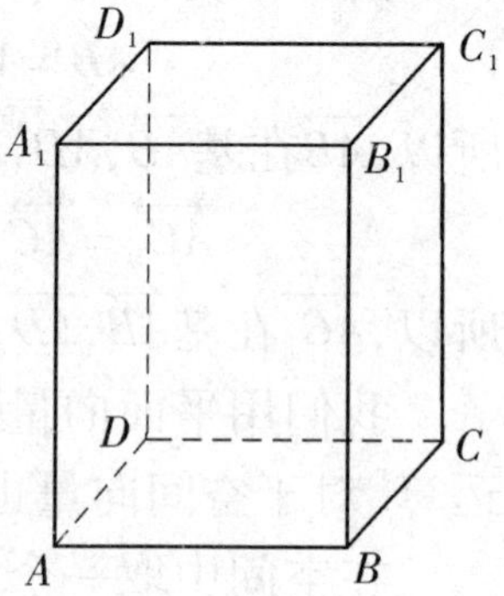

图 3－31

提升练习

1. 如图 3－30 所示，设点 M,N 分别是正方体的棱 A_1B_1，BB_1 的中点，求 $\overrightarrow{AM}$，$\overrightarrow{CN}$ 在基 $\overrightarrow{AB}$，$\overrightarrow{AD}$，$\overrightarrow{AA_1}$ 下的坐标.

2. 证明：经过平面外一点只有一个平面与这个平面平行.

3. 设 $\boldsymbol{a},\boldsymbol{b}$ 在基 $\boldsymbol{e}_1,\boldsymbol{e}_2,\boldsymbol{e}_3$ 下的坐标分别为 $(-1,-3,2)$，求 $\boldsymbol{a}-\boldsymbol{b}$，$-4\boldsymbol{a}$，$-3\boldsymbol{a}-5\boldsymbol{b}$ 在这个基下的坐标.

第六节　两条直线所成的角

在研究空间图形的度量关系时，向量的内积将发挥重要的作用. 首先介绍空间中两个非零向量 $\boldsymbol{a},\boldsymbol{b}$ 的夹角的概念. 设 $\boldsymbol{a},\boldsymbol{b}$ 是两个非零向量. 取一点 O，作有向线段 $\overrightarrow{OA}$，$\overrightarrow{OB}$ 分别表示 $\boldsymbol{a},\boldsymbol{b}$. 我们把射线 OA，OB 组成的不大于 π 的那个角叫做 $\boldsymbol{a},\boldsymbol{b}$ 的夹角，记作 $\langle\boldsymbol{a},\boldsymbol{b}\rangle$. 于是

$$0\leqslant\langle\boldsymbol{a},\boldsymbol{b}\rangle\leqslant\pi,$$

并且

$$\langle\boldsymbol{a},\boldsymbol{b}\rangle=\langle\boldsymbol{b},\boldsymbol{a}\rangle.$$

可以说明上述定义不依赖于点 O 的选取. 由此得到下面的结论：

定理 1　如果一个角的两边和另一个角的两边分别平行并且方向相同，那么这两个角相等.

定义 1　任意两个向量 $\boldsymbol{a},\boldsymbol{b}$，实数

$$|\boldsymbol{a}||\boldsymbol{b}|\cos\langle\boldsymbol{a},\boldsymbol{b}\rangle \tag{1}$$

称为向量 $\boldsymbol{a},\boldsymbol{b}$ 的内积，记作 $\boldsymbol{a}\cdot\boldsymbol{b}$，读作"$\boldsymbol{a}$ 点乘 $\boldsymbol{b}$"，即

$$\boldsymbol{a}\cdot\boldsymbol{b}=|\boldsymbol{a}||\boldsymbol{b}|\cos\langle\boldsymbol{a},\boldsymbol{b}\rangle. \tag{2}$$

由空间向量内积的概念可以计算向量的长度、两个非零向量的夹角及判断两个向量是否垂直，由定义导出：

$$|\boldsymbol{a}|=\sqrt{\boldsymbol{a}\cdot\boldsymbol{a}}, \tag{3}$$

$$\cos\langle\boldsymbol{a},\boldsymbol{b}\rangle=\frac{\boldsymbol{a}\cdot\boldsymbol{b}}{|\boldsymbol{a}||\boldsymbol{b}|}\quad(\boldsymbol{a}\neq\boldsymbol{0},\boldsymbol{b}\neq\boldsymbol{0}), \tag{4}$$

$$\boldsymbol{a}\perp\boldsymbol{b}\Leftrightarrow\boldsymbol{a}\cdot\boldsymbol{b}=0. \tag{5}$$

为了利用向量的内积解决有关长度、角度、垂直等度量问题，我们还需要研究空间向量的内积的性质.

性质 1　对于任意向量 $\boldsymbol{a},\boldsymbol{b}$，有

$$\boldsymbol{a}\cdot\boldsymbol{b}=\boldsymbol{b}\cdot\boldsymbol{a}. \tag{6}$$

性质 2 对于任意向量 $\boldsymbol{a},\boldsymbol{b}$,任意实数 k,有

$$(k\boldsymbol{a})\cdot\boldsymbol{b}=k(\boldsymbol{a}\cdot\boldsymbol{b}). \tag{7}$$

性质 3 对于任意向量 $\boldsymbol{a},\boldsymbol{b},\boldsymbol{c}$,有

$$(\boldsymbol{a}+\boldsymbol{b})\cdot\boldsymbol{c}=\boldsymbol{a}\cdot\boldsymbol{c}+\boldsymbol{b}\cdot\boldsymbol{c}. \tag{8}$$

性质 4 对于任意向量 $\boldsymbol{a}$ 有

$$\boldsymbol{a}\cdot\boldsymbol{a}\geqslant 0, \tag{9}$$

当且仅当 $\boldsymbol{a}=\boldsymbol{0}$ 等号成立.

在求两个空间向量的内积时,常常是先在空间中取一个基(尽可能取互相垂直的向量作为基底的向量),然后利用内积的线性性质,把所求的两个向量的内积转化为基向量之间的内积,如果基中有两个向量互相垂直,则它们的内积为0.

设 $\boldsymbol{e}_1,\boldsymbol{e}_2,\boldsymbol{e}_3$ 是空间的一个基,并且它们两两互相垂直,每个向量的长度都为1. 设向量 $\boldsymbol{a},\boldsymbol{b}$ 在这个基下的坐标分别为 (a_1,a_2,a_3),(b_1,b_2,b_3),则

$$\boldsymbol{a}\cdot\boldsymbol{b}=a_1b_1+a_2b_2+a_3b_3. \tag{10}$$

对于平面上的两条直线,我们把它们的方向向量的夹角中不大于 $\frac{\pi}{2}$ 的那个角叫做这**两条直线的夹角**. 很自然的可以把这个定义推广到空间中两条直线. 空间中两条直线的方向向量的夹角中不大于 $\frac{\pi}{2}$ 的那个角叫做这**两条直线所成的角**. 如果两条直线所成的角等于 $\frac{\pi}{2}$,则称这**两条直线互相垂直**.

例 1 如图 3-32 所示,在棱长为 1 的正方体中,M,N 分别是棱 A_1B_1,BB_1 的中点,求直线 AM,CN 所成的角.

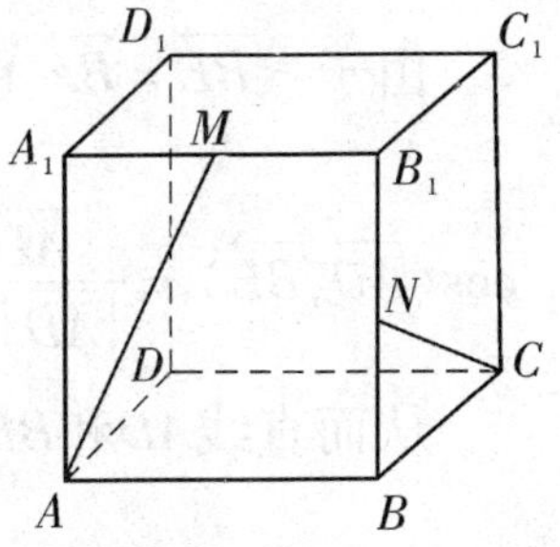

图 3-32

解 $\overrightarrow{AM}$,$\overrightarrow{CN}$ 分别是直线 AM,CN 的方向向量. 在空间中取一个基:$\overrightarrow{AB}$,$\overrightarrow{AD}$,$\overrightarrow{AA_1}$,由于所给的是棱长为 1 的正方体,因此,$\overrightarrow{AB}$,$\overrightarrow{AD}$,$\overrightarrow{AA_1}$ 两两互相垂直,且都为单位向量. 由于

$$\overrightarrow{AM}=\overrightarrow{AA_1}+\overrightarrow{A_1M}=\overrightarrow{AA_1}+\frac{1}{2}\overrightarrow{A_1B_1}=\frac{1}{2}\overrightarrow{AB}+\overrightarrow{AA_1},$$

$$\overrightarrow{CN}=\overrightarrow{CB}+\overrightarrow{BN}=\overrightarrow{DA}+\frac{1}{2}\overrightarrow{BB_1}=-\overrightarrow{AD}+\frac{1}{2}\overrightarrow{AA_1}.$$

因此,$\overrightarrow{AM}$,$\overrightarrow{CN}$ 在上述基下的坐标分别为:

$$\left(\frac{1}{2},0,1\right),\left(0,-1,\frac{1}{2}\right).$$

由公式(10)得,

$$\overrightarrow{AM}\cdot\overrightarrow{CN}=\frac{1}{2}\cdot 0+0\cdot(-1)+1\cdot\frac{1}{2}=\frac{1}{2},$$

$$|\overrightarrow{AM}|=\sqrt{\overrightarrow{AM}\cdot\overrightarrow{AM}}=\sqrt{\left(\frac{1}{2}\right)^2+0^2+1^2}=\frac{\sqrt{5}}{2},$$

$$|\overrightarrow{CN}|=\sqrt{\overrightarrow{CN}\cdot\overrightarrow{CN}}=\sqrt{0^2+(-1)^2+\left(\frac{1}{2}\right)^2}=\frac{\sqrt{5}}{2}.$$

从而根据公式得 $\cos\langle\overrightarrow{AM},\overrightarrow{CN}\rangle=\dfrac{\overrightarrow{AM}\cdot\overrightarrow{CN}}{|\overrightarrow{AM}|\cdot|\overrightarrow{CN}|}=\dfrac{\frac{1}{2}}{\frac{\sqrt{5}}{2}\cdot\frac{\sqrt{5}}{2}}=\dfrac{2}{5},$

因此,直线 AM,CN 所成的角为

$$\langle\overrightarrow{AM},\overrightarrow{CN}\rangle=\arccos\frac{2}{5}\approx 1.159.$$

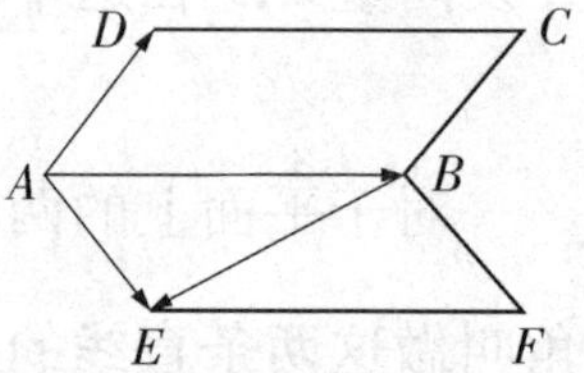

图 3－33

例 2* 如图 3－33 所示,四边形 $ABCD$ 和 $AEFB$ 都是边长为 1 的正方形,$\angle DAE=\dfrac{\pi}{3}$,求直线 AD 和 BE 所成的角.

解 $\overrightarrow{AB},\overrightarrow{AE},\overrightarrow{AD}$不共面,从而它们是空间的一个基,并且$\overrightarrow{AE}\perp\overrightarrow{AB},\overrightarrow{AB}\perp\overrightarrow{AD},\langle\overrightarrow{AE},\overrightarrow{AD}\rangle=\angle DAE=\dfrac{\pi}{3},|\overrightarrow{AE}|=|\overrightarrow{AB}|=|\overrightarrow{AD}|=1.$

由于 $\overrightarrow{BE}=\overrightarrow{BA}+\overrightarrow{AE}=\overrightarrow{AE}-\overrightarrow{AB}$,因此

$$\cos\langle\overrightarrow{AD},\overrightarrow{BE}\rangle=\frac{\overrightarrow{AD}\cdot\overrightarrow{BE}}{|\overrightarrow{AD}|\cdot|\overrightarrow{BE}|}=\frac{\overrightarrow{AD}\cdot(\overrightarrow{AE}-\overrightarrow{AB})}{1\cdot\sqrt{2}}=\frac{\overrightarrow{AD}\cdot\overrightarrow{AE}-\overrightarrow{AD}\cdot\overrightarrow{AB}}{\sqrt{2}}=\frac{\frac{1}{2}}{\sqrt{2}}=\frac{\sqrt{2}}{4}.$$

从而直线AD和BE所成的角为

$$\langle\overrightarrow{AD},\overrightarrow{BE}\rangle=\arccos\frac{\sqrt{2}}{4}\approx 1.209.$$

观察图 3－32,正方体的棱 AB 所在直线与棱 CC_1 所在的直线是两条异面直线,棱 BC 所在直线与它们都垂直相交. 由此抽象出下述概念:

与两条异面直线都垂直相交的直线称为这**两条异面直线的公垂线**. 两条异面直线的公垂线在这两条异面直线间的线段的长度,叫做这**两条异面直线的距离**.

直线 BC 就是异面直线 AB 和 CC_1 的公垂线. 棱 BC 的长度就是异面直线 AB 和 CC_1 的距离.

基础练习

1. 已知 $|\boldsymbol{a}|=6$, $|\boldsymbol{b}|=4$, $\langle\boldsymbol{a},\boldsymbol{b}\rangle=\dfrac{\pi}{3}$, 求 $\boldsymbol{a}\cdot\boldsymbol{b}$, $|\boldsymbol{a}+\boldsymbol{b}|$, $|\boldsymbol{a}-\boldsymbol{b}|$.

2. 已知 $|\boldsymbol{a}|=4$, $|\boldsymbol{b}|=9$, $\boldsymbol{a}\cdot\boldsymbol{b}=18$, 求 $\langle\boldsymbol{a},\boldsymbol{b}\rangle$.

3. 已知 $|\boldsymbol{a}|=3$, $|\boldsymbol{b}|=2$, $\langle\boldsymbol{a},\boldsymbol{b}\rangle=\dfrac{\pi}{6}$, 求 $(2\boldsymbol{a}-5\boldsymbol{b})\cdot\boldsymbol{a}$.

4. 如图 3－32 所示，在棱长为 1 的正方体中，求直线 AA_1 和 B_1C_1, AB_1 和 D_1C_1, AC 和 BC_1, BD_1 和 CA_1 所成的角.

提升练习

1. 证明：$(\boldsymbol{b}\cdot\boldsymbol{c})\cdot\boldsymbol{a}-(\boldsymbol{a}\cdot\boldsymbol{c})\cdot\boldsymbol{b}$ 与 $\boldsymbol{c}$ 垂直.
2. 垂直于同一条直线的两条直线，有几种位置关系？
3. 如图 3－32 所示，在棱长为 1 的正方体中，M, N 分别是棱 A_1B_1, BB_1 的中点，求直线 AC_1 和 CN 所成的角.

第七节　直线与平面垂直

教室内的两扇墙面的交线与地面的每一条直线是否都垂直？

如果一条直线和一个平面相交，并且和这个平面内的任意一条直线都垂直，则称**这条直线和这个平面互相垂直**. 其中直线称为**平面的垂线**，平面称为直线的**垂面**，交点称为**垂足**.

如图 3－34 所示，直线 l 和平面 α 互相垂直，记作 $l\perp\alpha$. 垂足为点 A.

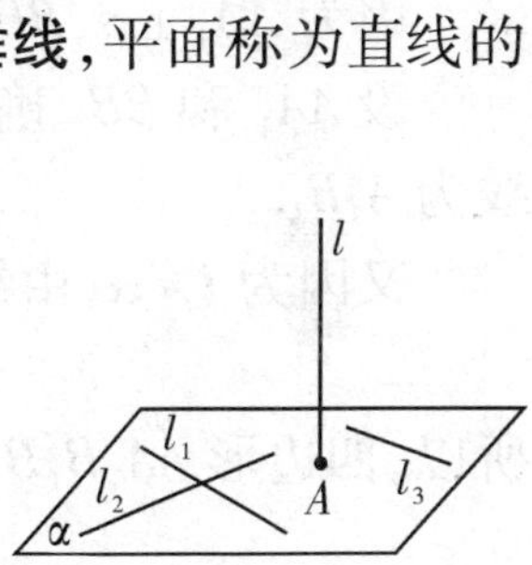

图 3－34

判定直线和平面垂直通常用下面的定理.

直线和平面垂直的判定定理　如果一条直线和一个平面内的两条相交直线都垂直，那么这条直线垂直于这个平面.

证明　设直线 l 和平面 α 内的两条相交直线 l_1, l_2 都垂直，在平面 α 内任意取一条直线 l_3，如图 3－34 所示，设 l, l_1, l_2, l_3 的一个方向向量分别为 $\boldsymbol{v}$, $\boldsymbol{v}_1$, $\boldsymbol{v}_2$, $\boldsymbol{v}_3$，在平面 α 内，由于 $\boldsymbol{v}_2$, $\boldsymbol{v}_3$ 不共线，因此 $\boldsymbol{v}_3=k_1\boldsymbol{v}_1+k_2\boldsymbol{v}_2$. 由于 $\boldsymbol{v}\perp\boldsymbol{v}_1$, $\boldsymbol{v}\perp\boldsymbol{v}_2$，因此 $\boldsymbol{v}\cdot\boldsymbol{v}_1=0$, $\boldsymbol{v}\cdot\boldsymbol{v}_2=0$，从而由上式得 $\boldsymbol{v}\cdot\boldsymbol{v}_3=\boldsymbol{v}(k_1\boldsymbol{v}_1+k_2\boldsymbol{v}_2)=0$，因此 $\boldsymbol{v}\perp\boldsymbol{v}_3$，即 $l\perp l_3$，于

是 $l\perp\alpha$.

例1 有一电线杆高12 m,从它的顶点挂一条13 m长的绳子.拉紧绳子并先后将下端放在平面上两点处,使这两点和电线杆脚不共线.如果这两点与电线杆脚的距离都是5 m,求证电线杆与地面垂直.

已知:如图3-35所示,电线杆 $PO=12$ m,绳长 $PA=PB=13$ m,$OA=OB=5$ m,点 A,O,B 不共线.

求证:$PO\perp$ 地面.

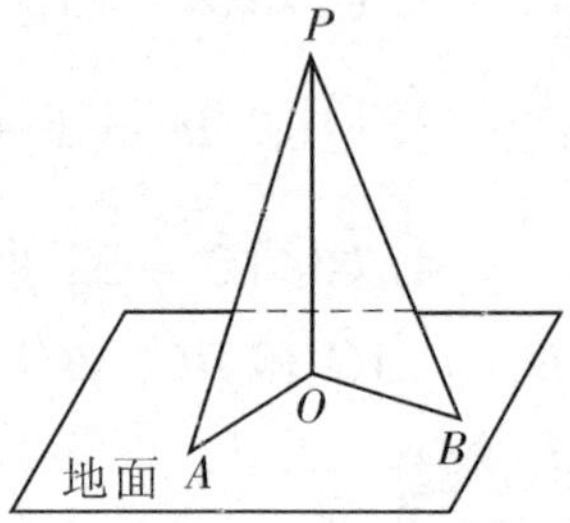

图3-35

证明 因为 $12^2+5^2=13^2$,即

在 $\triangle POA$ 中,$PO^2+OA^2=PA^2$;

在 $\triangle POB$ 中,$PO^2+OB^2=PB^2$.

所以 $\angle POA=90^\circ$,$\angle POB=90^\circ$,即 $PO\perp OA$,$PO\perp OB$.

因为点 A,O,B 不共线,所以 OA 与 OB 是地平面内的相交直线.

由线面垂直的判定定理可知 PO 垂直于地面.

下面介绍直线与平面垂直的性质.

直线和平面垂直的性质定理 如果两条直线同垂直于一个平面,那么这两条直线平行.

若两平行线中,有一条垂直于平面,则另一条也垂直于这个平面.

例2 如果一条直线与一个平面平行,求证这条直线上任意一点到这个平面的距离相等.

证明 过直线 l 上任意两点 A,B,分别引平面 α 的垂线 AA_1,BB_1,垂足分别为 A_1,B_1(见图3-36).

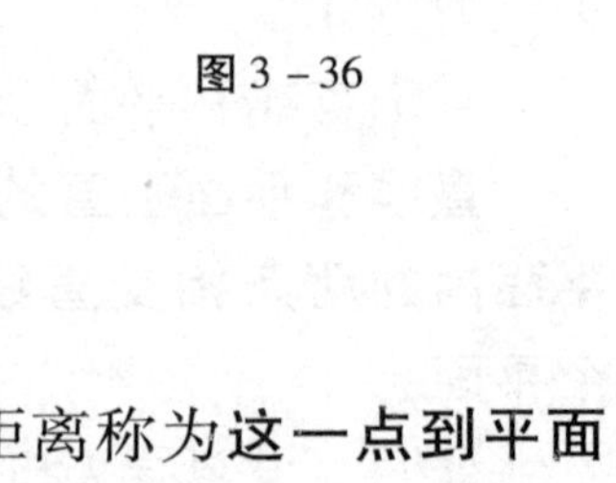

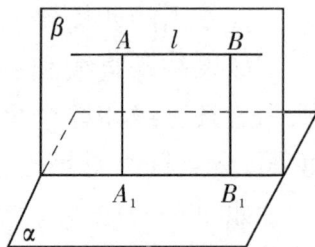

图3-36

因为 $AA_1\perp\alpha$,$BB_1\perp\alpha$,所以 $AA_1/\!/BB_1$.

设 AA_1 和 BB_1 确定的平面为 β,则平面 α 和 β 的交线为 A_1B_1.

又因为 $l/\!/\alpha$,由线面平行的性质定理得,

$$l/\!/A_1B_1.$$

所以,四边形 AA_1B_1B 是平行四边形,

$$AA_1=BB_1.$$

即,直线上各点到平面的距离相等.

从平面外一点到平面引垂线,这一点和垂足之间的距离称为**这一点到平面的距离**.一条直线和一个平面平行,这条直线上任意一点到平面的距离,叫做**这条直线到平面的距离**.两个平行平面的公垂线段的长度叫做**这两个平行平面的距离**,容易看出,它等于一个平面上任意一点到另一个平面的距离.两个平行平

面的公垂线段的长度相等.

基础练习

1. 判断下列命题是否正确?

(1)过一点有一条直线与已知平面垂直;

(2)过一点有无数个平面与已知直线垂直;

(3)垂直于同一个平面的两条直线平行;

(4)垂直于同一条直线的两条直线平行;

(5)垂直于同一条直线的两个平面平行.

2. 已知:平面 α 内有 $\square ABCD$,O 为对角线交点,P 在 α 外,$PA=PC$,$PB=PD$,求证:$PO\perp\alpha$.

3. 安装日光灯时,怎样才能使灯管和天棚、地板平行?

提升练习

1. 如图 3-37 所示,给了一个棱长为 1 的正方体,设 E 是棱 BB_1 上任意一点.

(1)求点 E 到平面 ADD_1A_1 的距离;

(2)求点 E 到平面 ACC_1A_1 的距离;

(3)求直线 EC_1 和平面 ADD_1A_1 的距离.

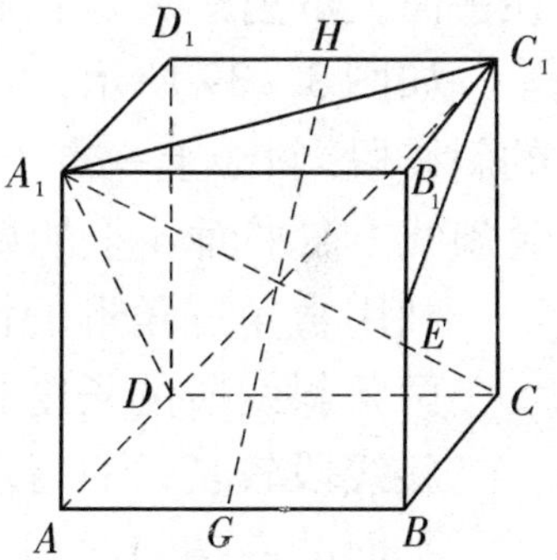

图 3-37

2. 如图 3-37 所示,给了一个棱长为 1 的正方体,G,H 分别是棱 AB,D_1C_1 的中点.

(1)证明:$HG\perp A_1C$;

(2)证明:$D_1B\perp$平面 A_1DC_1.

4. 如图 3-38 所示,给了一个棱长为 1 的正方体.

(1)求点 A 到平面 BCC_1B_1 的距离;

(2)求平面 ADD_1A_1 与平面 BCC_1B_1 之间的距离;

(3)求直线 AA_1 与平面 BCC_1B_1 之间的距离;

(4)求点 B 到平面 ACC_1A_1 的距离;

(5)求直线 BB_1 和平面 ACC_1A_1 的距离.

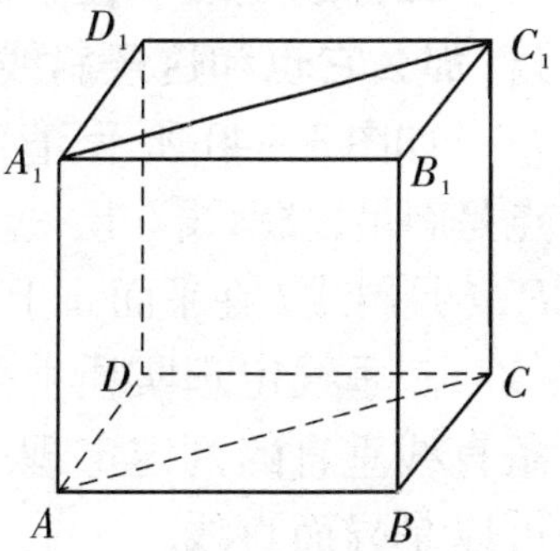

图 3-38

第八节 三垂线定理、直线与平面所成的角

自平面外的任一点 P 向平面 α 引垂线,垂足 P' 称为**点 P 在平面 α 上的射影**. 点 P 与垂足 P' 间的线段 PP' 称为**点 P 到平面 α 的垂线段**(见图 3－39).

一条直线和一个平面相交,但不和这个平面垂直,称这条直线为**这个平面的斜线**,斜线和平面的交点称为**斜足**,称斜线上一点和斜足间的线段为**这点到这个平面的斜线段**.

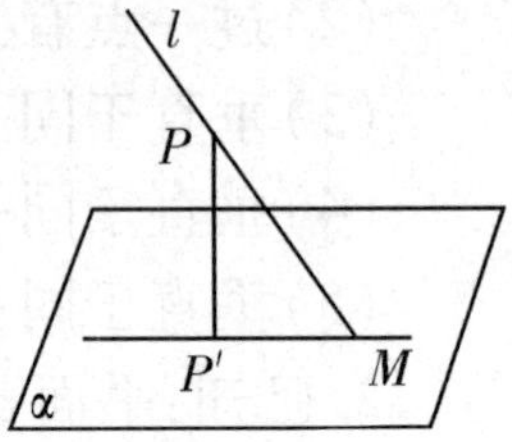

图 3－39

过斜线上一点向平面引垂线,过垂足和斜足的直线称为**斜线在这个平面上的射影**. 垂足和斜足间的线段称为这点到平面的**斜线段在这个平面上的射影**. 斜线上任意一点在平面上的射影一定在斜线的射影上.

如图 3－39 所示,直线 l 是平面 α 的斜线,点 M 是斜足,线段 PM 是点 P 到 α 的斜线段. 斜线上一点 P 在平面 α 上的射影是 P',线段 PP' 是垂线段,直线 $P'M$ 是斜线 l 在平面 α 上的射影,线段 $P'M$ 是斜线段 PM 在平面 α 上的射影.

利用直角三角形的性质,容易得到下列结论:

两条斜线段的长度相等,当且仅当它们的射影的长度相等.

斜线段较长,当且仅当它的射影较长.

平面的一条斜线和它在平面上的射影所成的锐角,叫做**这条直线和这个平面所成的角**. 如图 3－39 所示,斜线 l 和平面 α 所成的角是 $\angle PMP'$.

如果一条直线垂直于平面,则它们所成的角是直角;如果一条直线和平面平行或在平面内,则说它们所成的角是 0° 的角.

关于平面的斜线和它在平面内的射影有如下性质.

三垂线定理　在平面内的一条直线,如果和这个平面的一条斜线的射影垂直,那么它也和这条斜线垂直.

如图 3－40 所示,直线 l_1 在平面 α 内,l 是 α 的斜线,M 点是斜足,过斜线 l 上一点 P 向平面 α 引垂线,垂足为 P',即 $P'M$ 是斜线 l 在平面 α 上的射影,如果 $l_1 \perp P'M$,则 $l_1 \perp l$.

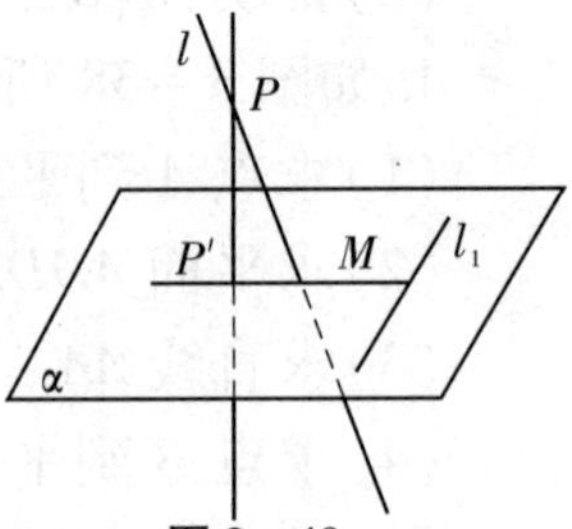

图 3－40

三垂线定理实质上是平面的一条斜线和平面内的一条直线垂直的判定定理. 这两条直线可以是相交直线,也可以是异面直线.

还可以得到:如果 $l_1 \perp l$,则 $l_1 \perp P'M$. 这就是三垂线定理的逆定理.

三垂线定理的逆定理　在平面内的一条直线,如果和这个平面的一条斜线垂直,那么它也和这条斜线的射影垂直.

例 1 如果一个角所在平面外一点到角的两边距离相等，那么这一点在平面上的射影在这个角的平分线上.

已知：$\angle BAC$ 在平面 α 内，点 $P \notin \alpha$，$PE \perp AB$，$PF \perp AC$，$PO \perp \alpha$，垂足分别是 E，F，O，且 $PE = PF$，如图 3－41 所示.

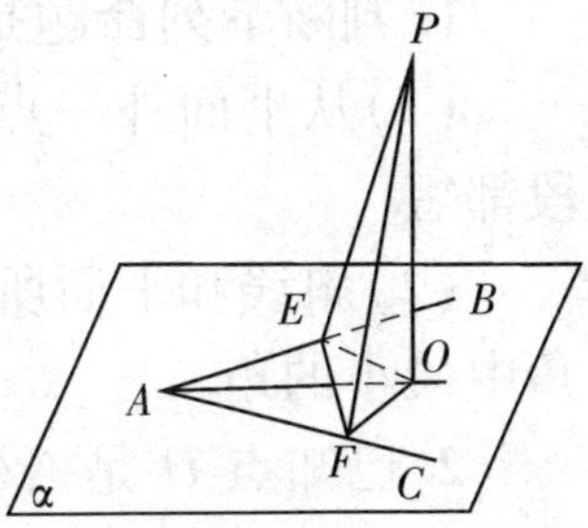

图 3－41

求证：$\angle BAO = \angle CAO$.

证明 因为 $PE = PF$，$PO \perp \alpha$，所以 $OE = OF$.

又因为 $PE \perp AB$，$PF \perp AC$，$PO \perp \alpha$，

所以 $OE \perp AB$，$OF \perp AC$.

从而 $\mathrm{Rt}\triangle AOE \cong \mathrm{Rt}\triangle AOF$，

所以 $\angle BAO = \angle CAO$.

例 2 在长方形工件上要镗出一个斜孔 AB，斜孔的直观图如图 3－41 所示. 加工时需要求出 α 和 β，以便把工件先旋转 α 角，再倾斜 β 角，使斜孔放正进行加工. 试计算 α 和 β.

解 如图 3－42 所示，AB 代表待加工斜孔的轴线，连接 BC，作 $BD \perp DC$，D 为垂足.

在 $\mathrm{Rt}\triangle BDC$ 中，由 $\tan\alpha = \dfrac{BD}{DC} = \dfrac{16}{20} = 0.8$，得 $\alpha = 38^\circ 39' 35''$.

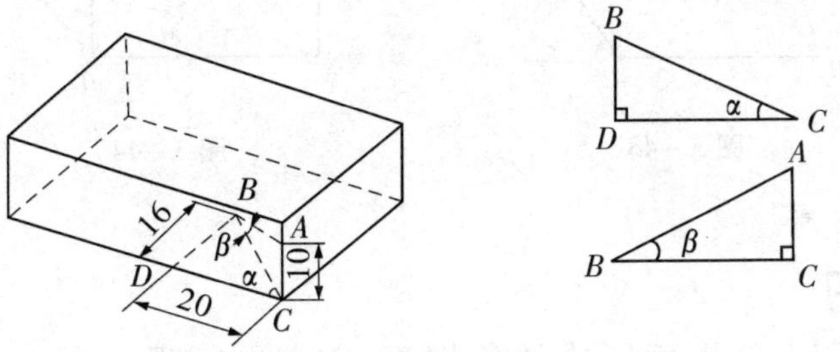

图 3－42

因为 $AC \perp \triangle BCD$ 所在平面，BC 在 $\triangle BCD$ 所在平面内，所以 $AC \perp BC$.

在 $\mathrm{Rt}\triangle ACB$ 中，有

$$\tan\beta = \frac{AC}{BC} = \frac{AC}{\dfrac{BD}{\sin\alpha}} = \frac{AC\sin\alpha}{BD}$$

$$= \frac{10 \times \sin 38^\circ 39' 35''}{16} = 0.390.$$

所以 $\beta = 21^\circ 18' 21''$.

基础练习

1. 判断下列命题是否正确:

(1)从平面外一点向这平面引垂线段和斜线段,则垂线段比任何一条斜线段都短.

(2)斜线和平面所成的角是这条斜线和平面内经过斜足的直线所成的一切角中最小的角.

2. 已知点 O 是 $\triangle ABC$ 的三条高线的交点,PO 与平面 ABC 垂直,证明:$PA\perp BC$,$PC\perp AB$.

3. 设四边形 $ABCD$ 是矩形,PA 与平面 $ABCD$ 垂直,如图 3-43 所示,证明:$PB\perp BC$,$PD\perp DC$.

4. 如图 3-44 所示,在正方体中,AC 与 BD 相交于点 M,连接 D_1M. 证明:$D_1M\perp AC$.

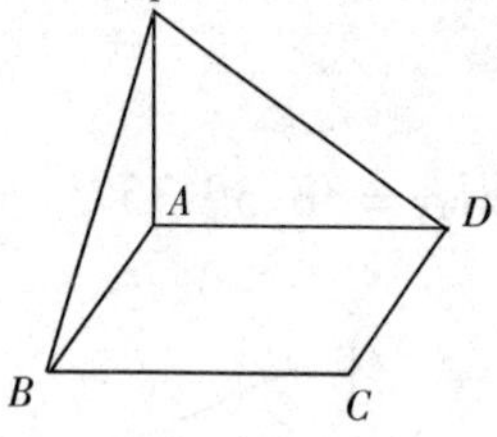

图 3-43

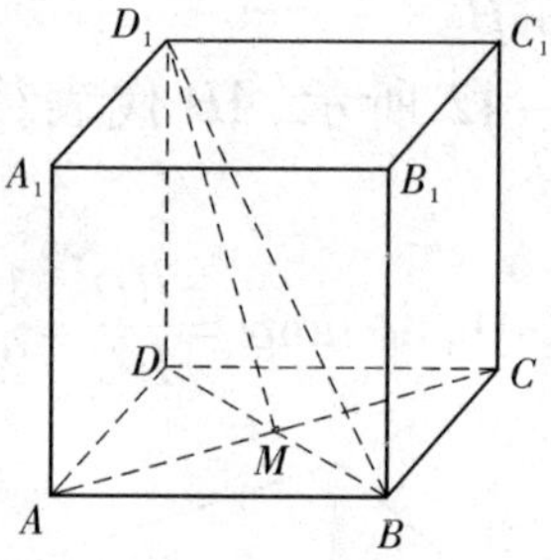

图 3-44

提升练习

1. 两条直线和一个平面所成的角相等,它们平行吗?

2. 证明:两条平行线和同一个平面所成的角相等.

3. 如图 3-45 所示,斜线 l 在平面 α 上的射影为 MP',其中 M 是斜足,P'是 l 上一点 P 在 α 上的射影,直线 MB 在平面 α 内,它和 MP'的夹角为 θ_2. 斜线 l 和平面 α 所成的角为 θ_1. l 和直线 MB 所成的角为 θ. 证明:

$$\cos\theta=\cos\theta_1\cos\theta_2$$

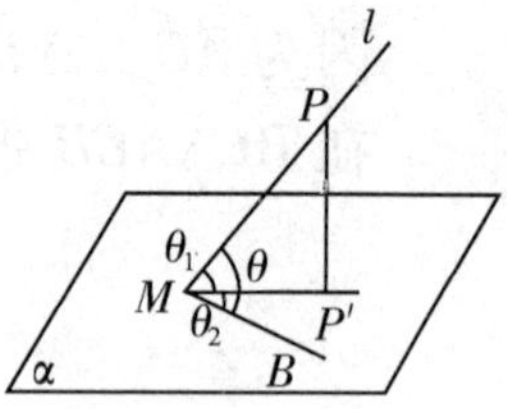

图 3-45

4. 如图 3-44 所示,在正方体 $ABCD-A_1B_1C_1D_1$ 中,求

(1)直线 D_1M 和平面 ABC 所成的角的度数;

(2)直线 D_1B 和平面 ABC 所成的角的度数;

(3)直线 AC 和平面 DCC_1 所成的角的度数.

第九节 二面角、平面与平面垂直

在实际生活中,会遇到许多问题要求我们研究两个平面所成的角.

如果两个平面平行或重合,那么我们说这两个平面所成的角是0°角.

如果两个平面相交,那么它们的交线把每个平面分成两部分,其中的每一部分都叫做**半平面**.从同一条直线出发的两个半平面所组成的图形叫做**二面角**,这条直线叫做二面角的**棱**,这两个半平面叫做**二面角的面**.由直线l出发的两个半平面α和β组成的二面角,记为$\alpha-l-\beta$.

如何定量研究二面角?

以二面角的棱上任意一点为端点,在两个面内分别作垂直于棱的两条射线这两条射线所成的角叫做**二面角的平面角**.如图3-46所示.则二面角的大小可以用它的平面角来度量.把二面角的平面角的度数叫做这个二面角的度数.

例 山坡的倾斜度是30°,如图3-47所示,在坡面α内,从坡角的A处出发,沿一条与坡角的水平线l成60°角的直路前进,行走200 m后,升高了多少?

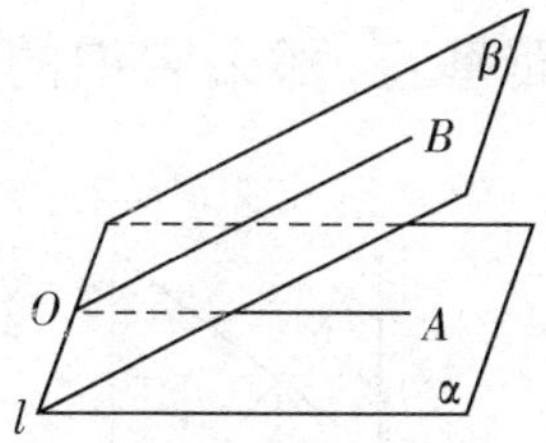

图3-46

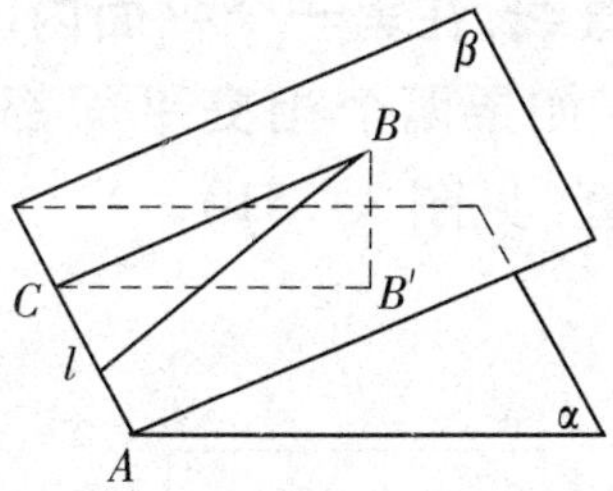

图3-47

解 设行走200 m后到达点B处,B在水平面的射影为B',则所求的高度为BB'.在坡面β内,过点B做$BC\perp l$,垂足为C,则斜线BC在平面α上的射影为$B'C$.由于$BC\perp l$,因此$B'C\perp l$,从而$\angle BCB'$是二面角$\alpha-l-\beta$的平面角,于是$\angle BCB'=30^\circ$.在直角三角形ABC中,$|BC|=|AB|\sin\angle BAC=200\sin 60^\circ=100\sqrt{3}$,在直角三角形$BB'C$中$|BB'|=|CB|\sin\angle BCB'=100\sqrt{3}\sin 30^\circ=50\sqrt{3}\approx 86.6$.

两个平面垂直是两个平面相交的特殊情况,如日常见到的墙面和地面,或者一个长方体中,相邻的两个面都是互相垂直的.那么,什么是两个平面互相垂直呢?两个平面相交,如果所成的二面角是直二面角,就说这两个平面互相垂直.如图3-48所示.

两个平面垂直的判定定理 如果一个平面经过另一个平面的一条垂线,那么这两个平面互相垂直(见图3-48).

盖房子时,一定要保证墙面与水平面垂直,建筑工人检查的办法是:用下端系有铅锤的线(它与水平面垂直)的上端贴住墙面,如果这根线紧贴墙面,那么墙面与水平面垂直;否则,墙面与水平面不垂直. 实际这就是依据了上面所说的定理.

两个平面垂直的性质定理　如果两个平面垂直,那么在一个平面内垂直于它们交线的直线垂直于另一个平面(见图 3－49).

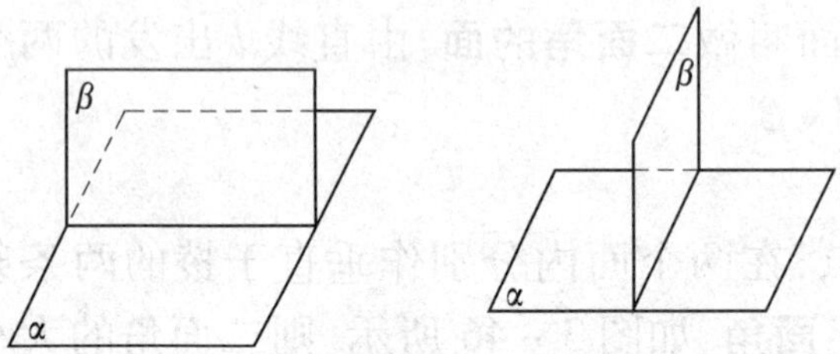

图 3－48

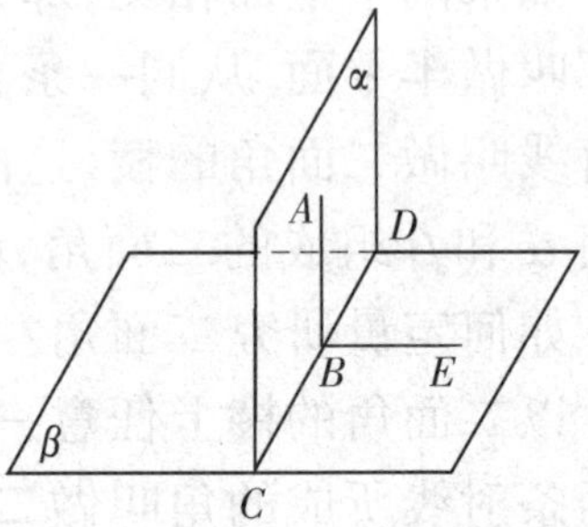

图 3－49

由面面垂直性质定理可得下述两个推论:

推论 1　如果两个平面互相垂直,那么经过第一个平面内的一点垂直于第二个平面的直线,在第一个平面内(见图 3－50).

推论 2　如果两个相交平面都和第三个平面垂直,那么它们的交线也和第三个平面垂直(见图 3－51).

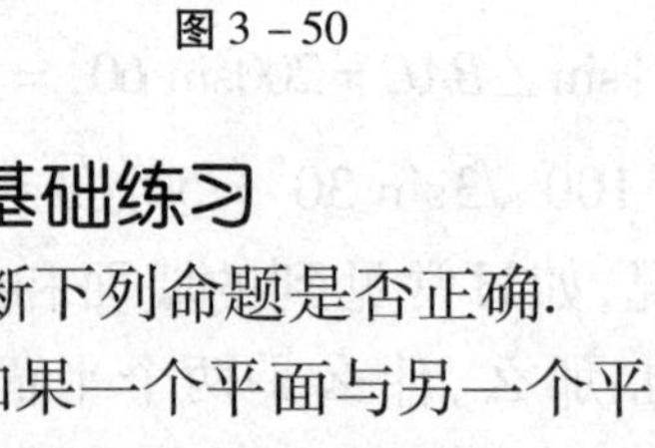

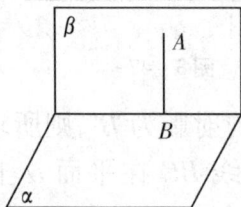

图 3－50

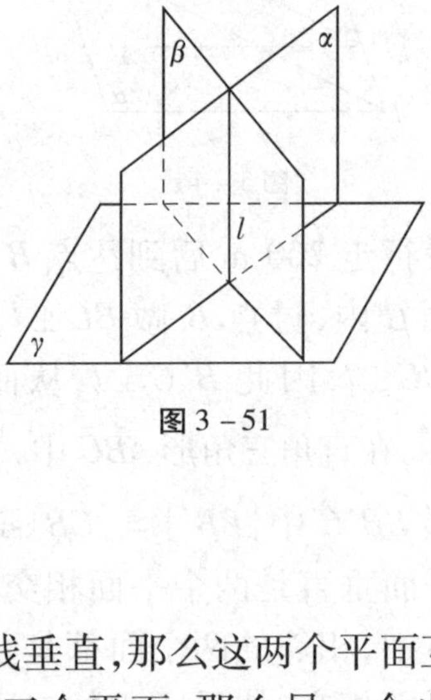

图 3－51

基础练习

1. 判断下列命题是否正确.

(1)如果一个平面与另一个平面的平行线垂直,那么这两个平面互相垂直;

(2)如果两个平行平面中一个垂直于第三个平面,那么另一个也垂直于第三个平面;

(3)3 个两两垂直的平面的交线两两垂直.

2. 已知平面 α,β,γ 满足 $\alpha\perp\gamma,\beta\perp\gamma,\alpha\cap\beta=l$,求证 $l\perp\gamma$.

3. 在 30° 的二面角的一个面内有一个点,它到另一个面的距离是 15 cm,求它到棱的距离.

4. 已知两个平行平面之间的距离为 12 cm,直线 l 与它们相交成 60° 的角,求直线 l 夹在这两个平面之间的线段长.

提升练习

1. 从二面角内的一点分别向两个面引垂线. 证明:它们所成的角与二面角的平面角互补.

2. 从二面角 $\alpha-l-\beta$ 的棱上一点在面 β 内引一条射线,此射线和面 α 成 30° 角,此射线和棱成 45° 角,求二面角 $\alpha-l-\beta$ 的度数.

3. AB 是圆 O 的直径,PA 垂直于圆 O 所在的平面,C 是圆上任意一点. 如图 3-52. 证明:平面 $PAC\perp$ 平面 PBC.

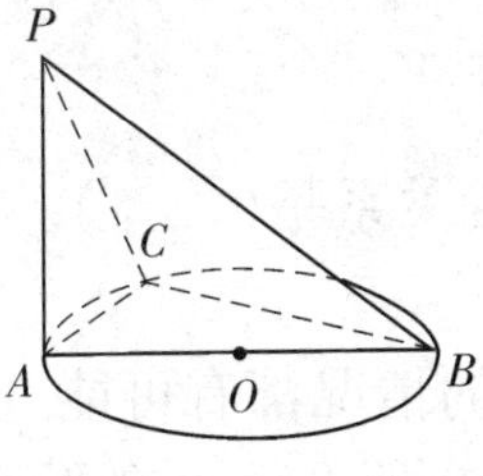

图 3-52

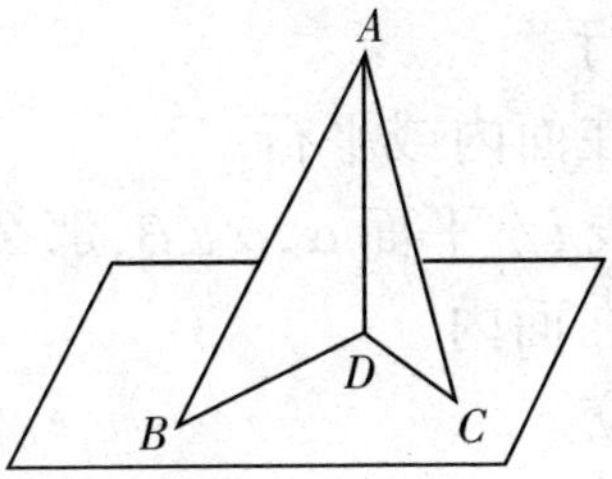

图 3-53

4. 以等腰直角三角形斜边 BC 上的高 AD 为折痕,使 $\triangle ABD$ 与 $\triangle ACD$ 折成互相垂直的两个面(见图 3-53). 证明:(1) $BD\perp CD$;(2) $\angle BAC=60^\circ$.

5. 三棱锥 $V-ABC$ 中,$VA=VB=AC=BC=2$,$AB=2\sqrt{3}$,$VC=1$,求:二面角 $V-AB-C$ 大小.

6. 求证:三个两两垂直的平面的交线也两两垂直.

综合训练八

一、选择题

1. 直线 a 和平面 β 都垂直于同一平面，那么直线 a 和平面 β 的位置关系是(　　).

A. 相交　　B. 平行　　C. 线在面内　　D. 线在面内或平行

2. 直线 a 和平面 β 都与同一直线平行，那么直线 a 和平面 β 的位置关系是(　　).

A. 平行　　B. 线在面内

C. 线在面内或平行　　D. 线面相交

3. 直线 l∥平面 α，$\alpha\perp\beta$，那么 l 和平面 β 的位置关系是(　　).

A. 线在面内　　B. 平行

C. 相交　　D. A，B，C 中的情况都有可能

4. 若 a，b 是两条平行直线，且都不垂直于平面 α，那么 a，b 在平面 α 内的射影为(　　).

A. 两条平行线　　B. 相交的两直线

C. 两条平行线或同一直线　　D. 相交的两直线或同一直线

5. 相交的两直线都是平面 α 的斜线，那么这两斜线在平面 α 的射影是(　　).

A. 同一直线　　B. 相交的两直线

C. 两条平行直线　　D. 一直线或两相交直线

6. 若三个平面把空间分成 6 个部分，那么这三个平面的位置关系是(　　).

A. 三个平面平行

B. 有两个平面平行且都与第三个平面相交

C. 三个平面平行或两个平面平行且都与第三个平面相交

D. 三个平面两两相交

7. 有下面几个问题：(1)若 a∥平面 α，$b\perp a$，则平面 $\alpha\perp b$；(2)若 a∥平面 α，平面 $a\perp$ 平面 β，则 $\alpha\perp\beta$；(3)若 a，b 是两平行线，$b\subset$平面 α，则 a∥α；(4)若平面 $\alpha\perp$ 平面 β，平面 $\gamma\perp$ 平面 β，则平面 α∥平面 γ. 其中不正确的命题个数是(　　).

A. 4　　B. 3　　C. 2　　D. 1

8. 有下面几个问题：(1)两点可以确定一条直线；(2)过三点必有一个平面；

(3)空间存在四点不在同一平面内;(4)一直线上有两点在平面 α 内,则其上第三点必在平面 α 内. 其中正确的命题个数是(　　).

A. 1　　B. 2　　C. 3　　D. 4

9. A 为直二面角 $\alpha-l-\beta$ 的棱上的一点,两条长度都是 a 的线段 AB,AC 分别在平面 α,平面 β 内,且都与 l 成 45° 角,则 BC 的长是(　　).

A. a　　B. $\sqrt{3}a$　　C. a 或 $\sqrt{3}a$　　D. a 或 $\sqrt{5}a$

10. 一直线和两条相交直线都相交,那么它们所确定的平面的个数是(　　).

A. 3　　B. 2　　C. 1　　D. 1 或 3

11. 已知直线 l 与平面 α 成 30° 角,则在 α 内(　　).

A. 没有直线与 l 垂直　　B. 至少有一条直线与 l 平行

C. 一定有无数条直线与 l 异面　　D. 有且只有一条直线与 l 共面

12. 在同一平面内射影长相等的两条线段的关系是(　　).

A. 如果有一个公共端点,它们必等长

B. 如果等长,则必有一个公共端点

C. 如果平行,它们必等长

D. 如果等长,它们必平行

13. 对于下列判断,正确的是(　　).

A. 两条异面直线所成的角的范围是 $[0,\frac{\pi}{2}]$

B. 斜线与平面所成的角的范围是 $[0,\frac{\pi}{2}]$

C. 二面角的取值范围是 $[0,\frac{\pi}{2}]$

D. 若直线 a 与平面 α 所成的角为 $\frac{\pi}{4}$,直线 $b\subset\alpha$,$a\cap b=\phi$,则 a 与 b 所成的角的取值范围是 $[\frac{\pi}{4},\frac{\pi}{2}]$

14. 已知异面直线 a,b 成 80° 角,在空间里取一点,过这点能作与 a,b 都成 60° 角的直线的条数是(　　).

A. 4　　B. 3　　C. 2　　D. 1

15. 在空间四边形 $ABCD$ 中,若 $AB=CD$,$BC=AD$,$AC=BD$,则 $\angle BAC+\angle CAD+\angle DAB$ 的大小是(　　).

A. 180°　　B. 90°

C. 小于 180°　　D. 在区间 $[90^\circ,180^\circ]$ 内

二、填空题

1. 长方体的三条棱长分别为 1,2,3,则其对角线长为__________.

2. 三个平面两两垂直,那么它们的交线共有__________条. 这些交线的相互关系是__________.

3. 两个平面 α,β 都与第三个平面 γ 相交,那么它们的交线的条数是__________.

4. 若长为 2 的线段 MN 是异面直线 a,b 的公垂线段,$A,M\in a$,$B,N\in b$,$AM=6$,$BN=8$,$AB=2\sqrt{14}$,那么异面直线 a,b 所成的角是__________.

5. 一条长为 4 cm 的线段 AB 夹在直二面角 $\alpha-EF-\beta$ 内,且与 α,β 分别成 $30^\circ,45^\circ$ 角,那么 A,B 两点在棱 EF 上的射影的距离是__________.

6. 夹在直二面角 $\alpha-MN-\beta$ 内的线段 $PQ(P,Q\notin MN)$ 与 α,β 所成的角分别为 θ_1,θ_2,则 $\theta_1+\theta_2$ 应满足的条件是__________.

7. 已知点 P 不在异面直线 a,b 上,那么过 P 点可作__________条直线分别与 a,b 构成异面直线.

8. 已知二面角 $\alpha-MN-\beta$ 是 60°,$P\in\alpha$,$PQ\perp\beta$ 于 Q,且 $PQ=6$ cm,则 Q 到 α 的距离是__________.

9. A,B 是平面 α 外的两点,它们在平面 α 内的射影分别是 A_1,B_1,若 $A_1A=3$,$BB_1=5$,$A_1B_1=10$,那么线段 AB 的长是__________.

10. $\triangle ABC$ 中,$\angle B=90^\circ$,$AB=2BC$,若 $BC/\!/$平面 α,AB 和平面 α 所成的角为 $\theta=$__________时,$\triangle ABC$ 在平面 α 内的射影是等腰直角三角形.

本章小结

一、平面

1. 经过不在同一条直线上的三点确定一个面.

2. 两个平面可将平面分成三或四部分(①两个平面平行,②两个平面相交).

3. 过三条互相平行的直线可以确定一或三个平面.(①三条直线在一个平面内平行,②三条直线不在一个平面内平行).

4. 三个平面最多可把空间分成八部分.(x,y,z 三个方向).

二、空间直线

1. 空间直线位置分三种:相交、平行、异面.

相交直线——共面有且只有一个公共点;

平行直线——共面没有公共点;

异面直线——不同在任一平面内.

2. 异面直线判定定理:过平面外一点与平面内一点的直线和平面内不经过该点的直线是异面直线.(不同在任何一个平面内的两条直线.)

3. 平行公理:平行于同一条直线的两条直线互相平行.

4. 等角定理:如果一个角的两边和另一个角的两边分别平行并且方向相同,那么这两个角相等.

二面角的取值范围:$\theta\in[0,\pi)$;

直线与直线所成角:$\theta\in[0,\frac{\pi}{2}]$;

斜线与平面成角:$\theta\in(0,\frac{\pi}{2})$;

直线与平面所成角:$\theta\in[0,\frac{\pi}{2}]$;

向量与向量所成角:$\theta\in[0,\pi]$.

推论:如果两条相交直线和另两条相交直线分别平行,那么这两组直线所成锐角(或直角)相等.

5. 两异面直线的距离:公垂线段的长度.

空间两条直线垂直的情况:相交(共面)垂直和异面垂直.

三、直线与平面平行、直线与平面垂直

1. 空间直线与平面位置分三种:相交、平行、直线在平面内.

2. 直线与平面平行判定定理:如果平面外一条直线和这个平面内一条直线平行,那么这条直线和这个平面平行.(“线线平行,线面平行”.)

3. 直线和平面平行性质定理:如果一条直线和一个平面平行,经过这条直线的平面和这个平面相交,那么这条直线和交线平行.(“线面平行,线线平行”.)

4. 直线与平面垂直是指直线与平面内任何一条直线垂直,过一点有且只有一条直线和一个平面垂直,过一点有且只有一个平面和一条直线垂直.

三垂线定理的逆定理亦成立.

直线与平面垂直的判定定理一:如果一条直线和一个平面内的两条相交直线都垂直,那么这两条直线垂直于这个平面.(“线线垂直,线面垂直”.)

直线与平面垂直的判定定理二:如果平行线中一条直线垂直于一个平面,那么另一条也垂直于这个平面.

推论:如果两条直线同垂直于一个平面,那么这两条直线平行.

5. (1)垂线段和斜线段长定理:从平面外一点向这个平面所引的垂线段和斜线段中,①射影相等的两条斜线线段相等,射影较长的斜线段较长;②相等的斜线段的射影相等,较长的斜线段射影较长;③垂线段比任何一条斜线段短.

(2)射影定理推论:如果一个角所在平面外一点到角的两边的距离相等,那么这点在平面内的射影在这个角的平分线上.

四、平面平行与平面垂直

1. 空间两个平面的位置关系:相交、平行.

2. 平面平行判定定理:如果一个平面内有两条相交直线都平行于另一个平面,那么这两个平面平行.(“线面平行,面面平行”.)

推论:垂直于同一条直线的两个平面互相平行,平行于同一平面的两个平面平行.

3. 两个平面平行的性质定理:如果两个平面平行,且同时和第三个平面相交,那么它们交线平行.(“面面平行,线线平行”.)

4. 两个平面垂直性质判定一:两个平面所成的二面角是直二面角,则两个平面垂直.

两个平面垂直性质判定二:如果一个平面与一条直线垂直,那么经过这条直线的平面垂直于这个平面.(“线面垂直,面面垂直”.)

5. 两个平面垂直性质定理:如果两个平面垂直,那么在一个平面内垂直于它们交线的直线也垂直于另一个平面.

推论:如果两个相交平面都垂直于第三个平面,则它们交线垂直于第三个平面.

五、空间向量

1. 空间向量基本定理：如果三个向量$\boldsymbol{a},\boldsymbol{b},\boldsymbol{c}$不共面，那么对空间任一向量$\boldsymbol{p}$，存在一个唯一的有序实数组$x,y,z$，使$\boldsymbol{p}=x\boldsymbol{a}+y\boldsymbol{b}+z\boldsymbol{c}$.

推论：设O,A,B,C是不共面的四点，则对空间任一点P，都存在唯一的有序实数组x,y,z使$\overrightarrow{OP}=x\overrightarrow{OA}+y\overrightarrow{OB}+z\overrightarrow{OC}$(这里隐含$x+y+z\neq1$).

2. 空间向量的坐标：空间直角坐标系的x轴是横轴(对应为横坐标)，y轴是纵轴(对应为纵坐标)，z轴是竖轴(对应为竖坐标).

①令$\boldsymbol{a}$的坐标为(a_1,a_2,a_3)，$\boldsymbol{b}$的坐标为(b_1,b_2,b_3)，则

$\boldsymbol{a}+\boldsymbol{b}$的坐标为$(a_1\pm b_1,a_2\pm b_2,a_3\pm b_3)$，

$\lambda\boldsymbol{a}$的坐标为$(\lambda a_1,\lambda a_2,\lambda a_3)(\lambda\in\mathbf{R})$，

$\boldsymbol{a}\cdot\boldsymbol{b}=a_1b_1+a_2b_2+a_3b_3$，

$\boldsymbol{a}/\!/\boldsymbol{b}\Leftrightarrow a_1=\lambda b_1,a_2=\lambda b_2,a_3=\lambda b_3(\lambda\in\mathbf{R})\Leftrightarrow\dfrac{a_1}{b_1}=\dfrac{a_2}{b_2}=\dfrac{a_3}{b_3}$，

$\boldsymbol{a}\perp\boldsymbol{b}\Leftrightarrow a_1b_1+a_2b_2+a_3b_3=0$，

$|\boldsymbol{a}|=\sqrt{\boldsymbol{a}\cdot\boldsymbol{a}}=\sqrt{a_1^2+a_2^2+a_3^2}$(用到常用的向量模与向量之间的转化：$|\boldsymbol{a}|^2=\boldsymbol{a}\cdot\boldsymbol{a}\Rightarrow|\boldsymbol{a}|=\sqrt{\boldsymbol{a}\cdot\boldsymbol{a}}$)，

$\cos\langle\boldsymbol{a},\boldsymbol{b}\rangle=\dfrac{\boldsymbol{a}\cdot\boldsymbol{b}}{|\boldsymbol{a}|\cdot|\boldsymbol{b}|}=\dfrac{a_1b_1+a_2b_2+a_3b_3}{\sqrt{a_1^2+a_2^2+a_3^2}\cdot\sqrt{b_1^2+b_2^2+b_3^2}}$.

②空间两点的距离公式：$d=\sqrt{(x_2-x_1)^2+(y_2-y_1)^2+(z_2-z_1)^2}$.

第四章

排列、组合与二项式定理

学习目标

1. 理解分类计数原理与分步计数原理.

2. 理解排列、组合的概念及排列数、组合数公式,并能解决简单的实际问题.

3. 掌握二项式定理及二项式展开式的通项公式.

数学博客

杨辉

杨辉，中国南宋时期杰出的数学家和数学教育家. 在13世纪中叶活跃于苏杭一带,其著作甚多.

他著名的数学著作共有五种二十一卷. 著有《详解九章算法》十二卷(1261年)、《日用算法》二卷(1262年)、《乘除通变本末》三卷(1274年)、《田亩比类乘除算法》二卷(1275年)、《续古摘奇算法》二卷(1275年).

杨辉的数学研究与教育工作的重点是在计算技术方面,他对筹算乘除捷算法进行总结和发展,有的还编成了歌诀,如九归口诀. 他在《续古摘奇算法》中介绍了各种形式的“纵横图”及有关的构造方法,同时“垛积术”是杨辉继沈括“隙积术”后,关于高阶等差级数的研究. 杨辉在“纂类”中,将《九章算术》246个题目按解题方法由浅入深的顺序,重新分为乘除、分率、合率、互换、二衰分、勾股等九类.

本章将要学习的二项式定理中的“杨辉三角”是杨辉在数学组合学科的一个重大发现. 在我国被称为贾宪三角或杨辉三角,一般认为是北宋数学家贾宪所首创.

第一节　两个基本原理

一、加法原理

某旅行团计划从 A 地出发到 B 地旅游,交通工具有火车、汽车、飞机 3 种. 一天中火车有 5 班,汽车有 8 班,飞机有 3 班,那么一天之中乘坐这些交通工具从 A 地到 B 地有多少种不同的选择?

一天之中,从 A 地出发到 B 地乘坐火车有 5 种选择,乘坐汽车有 8 种选择,乘坐飞机有 3 种选择,以上无论选择了哪一种交通方式,都可以从 A 地到达 B 地. 因此一天之中乘坐这些交通工具从 A 地到 B 地的不同选择有

$$5+8+3=16(\text{种}).$$

加法原理　做一件事情,完成它有 n 类方法,第一类有 m_1 种,第二类有 m_2 种,…第 n 类有 m_n 种,那么完成这件事共有

$$N=m_1+m_2+\cdots+m_n$$

种不同的方法.

例　某旅行社有一级导游员 5 人,二级导游员 8 人,临时导游员 10 人,现在从中挑选一位导游员参加全市导游大赛,一共有多少种不同的挑选方法?

解　完成挑选任务,有 3 类方法:第一类方法是从一级导游员中挑选一位,有 5 种挑选方法;第二类方法是从二级导游员中挑选一位,有 8 种挑选方法;第三类方法是从临时导游员中挑选一位,有 10 种挑选方法. 只要任意挑选一位导游员,任务即可完成,符合加法原理的应用条件,依据加法原理,不同的挑选方法一共有

$$N=5+8+10=23(\text{种}).$$

二、乘法原理

某旅游景区可以分成三部分:A、B、C,3 个景点,其中从 A 景点到 C 景点必须经过 B 景点. 从 A 景点到 B 景点有 3 条路可以走,从 B 景点到 C 景点有 2 条路可以走,那么完整的游览完 A、B、C 这 3 个景点有多少种不同的走法?

因为从 A 景点到 C 景点必须经过 B 景点,而从 A 景点到 B 景点有 3 条路可以走,为了叙述的方便,分别用 a_1,a_2,a_3 表示;从 B 景点到 C 景点有两条路可以走,分别用 b_1,b_2 表示. 因此完整的游览完 A、B、C,3 个景点的不同走法有:

$$a_1b_1;a_1b_2;a_2b_1;a_2b_2;a_3b_1;a_3b_2.$$

共有 6 种.

相当于从 A 景点到 B 景点的 3 种走法与从 B 景点到 C 景点的 2 种走法的乘积，即

$$3\times2=6(\text{种}).$$

乘法原理　做一件事情，完成它有 n 个先后步骤，做第一个步骤有 m_1 种不同的方法，做第二个步骤有 m_2 种不同的方法，…做第 n 个步骤有 m_n 种不同的方法，那么完成这件事共有

$$N=m_1\times m_2\times\cdots\times m_n$$

种不同的方法.

例 1　某酒店的一层有两个出入口，从一层到二层有 3 个楼梯，从二层到三层有 3 个楼梯，那么一个客人从酒店外到酒店的三楼，一共有多少种不同的走法？

解　完成任务，需有 3 个步骤，第一步是先进入酒店有 2 种走法；第二步是从 1 楼到 2 楼有 3 种走法；第二步是从 2 楼到 3 楼也有 3 种走法；符合乘法原理的条件，共有

$$N=2\times3\times3=18(\text{种})$$

不同的方法.

例 2　一个游客要选购旅游纪念品，商店里有特色的玩具 8 种，小工艺品 10 种，衣服 6 种.

(1) 从中选购一种有多少种选法？

(2) 从 3 个品种中各选购一种有多少种选法？

解　(1) 从玩具、小工艺品、衣服 3 个品种中，任选一种都算完成任务，符合加法原理的条件，因此共有：

$$N=8+10+6=24(\text{种}).$$

(2) 不同的选购方法从玩具、小工艺品、衣服 3 个品种中，各选一种才算完成任务，符合乘法原理的条件，因此共有：

$$N=8\times10\times6=480\ (\text{种}).$$

种不同的选购方法.

例 3　由数字 1，2，3，4，5 可以组成多少个三位数（各个位置上的数可以重复）？

解　用这 5 个数字组成三位数可以分成三个步骤完成：第一步确定百位上的数字，从上面 5 个数字中任取一个数字，共有 5 种取法；第二步确定十位上的数字，由于数字可以重复，所以仍有 5 种取法；第三步确定个位上的数字，同理，亦有 5 种取法. 根据乘法原理，组成不同的三位数的个数共有

$$5\times5\times5=125(\text{个}).$$

区别加法原理和乘法原理的关键点在于：加法原理是完成一件事情有 n 类办法，且每一类办法都可以单独完成这件事情；而乘法原理是完成一件事情要分

n 个步骤，各步骤不能单独完成这件事情，每个步骤都不能缺少，需要完成所有的步骤才能完成这件事.

例 4* 在所有两位数中，个位数字大于十位数字的两位数共有多少个？

分析：这个问题需分类完成. 可以按个位数字是 2,3,4,5,6,7,8,9 分成 8 类，也可以按十位数字是 1,2,3,4,5,6,7,8 分成 8 类，使用加法原理.

解法一 按个位数字是 2,3,4,5,6,7,8,9 分成 8 类，在每一类中满足条件的两位数分别是 1 个，2 个，3 个，4 个，5 个，6 个，7 个，8 个.

所以共有 $1+2+3+4+5+6+7+8=36$（个）.

解法二 按十位数字是 1,2,3,4,5,6,7,8 分成 8 类，在每一类中满足条件的两位数分别是 8 个，7 个，6 个，5 个，4 个，3 个，2 个，1 个.

所以共有 $8+7+6+5+4+3+2+1=36$（个）.

例 5* 某辆公共汽车从起点站载着 8 人出发，一路要停靠 6 个站，假设沿途没有人上车，问这 8 个人共有多少种下车方式？

分析：这 8 个人下车可以看成一件任务，只有 8 个人全部都下车了，此项任务才算完成，因此可以将这 8 个人看成完成任务的 8 个步骤，应用乘法原理即可.

解 将这 8 个人分开考虑，第一步，第一个人下车，有 6 种方式；第二步，第二个人下车，也有 6 种方式；与此类推.

符合乘法原理，所以共有

$$6\times6\times6\times6\times6\times6\times6\times6=6^8\text{（种）}.$$

基础练习

1. 一件工作可以用 2 种方法完成，有 5 个人会用第一种方法，另外有 4 个人会用第二种方法完成，要选出 1 个人来完成这件工作，共有多少种选法？

2. 要从甲、乙、丙 3 名工人中选出 2 人分别上日班和夜班，有多少种不同的选法？

3. 在读书活动中，指定不同的政治书 3 本，文艺书 5 本，科技书 7 本，某同学任意选读其中一本，共有多少种不同的选法？各读一本呢？

4. 中央电视台有 15 套节目，北京电视台有 10 套节目，河南电视台有 8 套节目，现在要看其中一套节目，一共有多少种不同的选择方法？

提升练习

1. 把 3 封信投到 4 个邮箱中，一共有多少种不同的投递方法？

2. 由 1,3,5,7 这 4 个数字组成的允许有重复数字的两位数共有多少？

3. 从 5 种蔬菜品种中选出 3 种，分别种植在不同土质的 3 块地上进行实验，种植方法有多少种？

4. 现有5件不同款式的上衣和3条不同颜色的裤子，如果一条长裤和一件上衣配成一套，有多种不同的搭配方法？

第二节 排 列

北京、上海、广州3个民航站之间的直达航线，需要准备多少种不同的机票？

这个问题就是从这3个民航站中，每次拿出2个站，起点在前，终点在后，求这样的排法共有多少个.

我们可以这样考虑这个问题，把问题的解决分成两步，首先先确定起点，从3个站中任选一个，有3种方法；其次确定终点，而终点只能从剩下的2个站中去选，有2种方法，由乘法原理，不同的选法共有 $3\times2=6$ 种.

其具体的排法如下： 北京—上海，北京—广州

上海—北京，上海—广州

广州—北京，广州—上海

为了研究的方便，我们把被选取的对象（如上例中的民航站）叫**元素**.

一般地，从 n 个元素中，任取 $m(m\leqslant n)$ 个元素，且按照一定顺序排成一列，叫做从 n 个元素中取出 m 个元素的一个排列. 从 n 个不同元素中取出 m 个元素的所有排列的个数，叫做从 n 个不同元素中取出 m 个元素的排列数（$m\leqslant n$），用符号 A_n^m 来表示. 如果 $m=n$，这样的排列叫做全排列，可记为 A_n^n 或 $n!$，其中 $n!$ 称为 n 的阶乘.

计算公式：$\mathrm{A}_n^m=n(n-1)(n-2)\cdots(n-m+1)$，

$\mathrm{A}_n^n=n(n-1)(n-2)\cdot\cdots\cdot3\cdot2\cdot1$.

推论：$\mathrm{A}_n^m=\dfrac{n!}{(n-m)!}$，特别地，规定 $0!=1$.

例1 计算 A_{16}^3 和 A_6^6.

解 $\mathrm{A}_{16}^3=16\times15\times14=3\ 360$，

$\mathrm{A}_6^6=6\times5\times4\times3\times2\times1=720$.

例2 某单位组织15名员工外出参观学习，为了管理的方便，需要从中选出2人担任组长和副组长，一共有多少种排列方法？

解 $\mathrm{A}_{15}^2=15\times14=210$（种）.

例3 用红、黄、蓝3面旗子按一定的顺序，从上到下排列在竖直的旗杆上表示信号，每次可以挂1面、2面或3面，并且不同的顺序表示不同的信号，一共可以表示多少种信号？

解 如果把3面旗子看成3个元素，则从3个元素里每次取出1个元素的一个排列，对应一种信号. 于是，只用一面旗表示的信号共有 A_3^1 种. 同理只用2

面旗子表示的信号共有 A_3^2 种，只用 3 面旗子表示的信号共有 A_3^3 种，根据加法原理，所求的信号的种数是

$$A_3^1 + A_3^2 + A_3^3 = 15(\text{种}).$$

例 4　用 0 到 9 这十个数字，可以组成多少个没有重复数字的三位数？

解法一　因为百位上的数字不能为 0，所以只能从 1 到 9 的 9 个数字中任取一个有 A_9^1 种取法；十位上的数字和个位上的数字是可以排这个 0 的，所以分别有 A_9^1 和 A_8^1 种取法，根据乘法原理，所求的三位数的个数是

$$A_9^1 \cdot A_9^1 \cdot A_8^1 = 9 \times 9 \times 8 = 648(\text{个}).$$

解法二　因为百位上的数字有 A_9^1 种取法；十位上的数字和个位上的数字可以放在一起考虑，从剩下的 9 个数字中任取两个的排列，有 A_9^2 种取法，根据乘法原理，所求的三位数的个数是　$A_9^1 \cdot A_9^2 = 9 \times (9 \times 8) = 648(\text{个})$.

解法三　从 0 到 9 这十个数字中任取三个数字的排列数为 A_{10}^3.

其中，以 0 为排头的排列数为 A_9^2，因此，所求的三位数的个数是

$$A_{10}^3 - A_9^2 = 10 \times 9 \times 8 - 9 \times 8 = 648(\text{个}).$$

基础练习

1. 计算：

(1) A_{10}^3；　(2) A_6^6；　(3) $A_8^4 - 2A_8^2$；　(4) $A_3^1 + A_3^2 + A_3^3$；　(5) $\dfrac{A_7^5}{A_7^4}$.

2. 画出三个符号□、○、△的所有全排列，并用符号表示全排列？

3. 由数字 1,2,3,4,5,6,7,8,9 所组成多个没有重复数字的两位奇数？

4. 6 名同学排成一排照相，甲乙两人相邻，有多少种排法？

提升练习

1. 6 名同学排成一排照相，其中甲不站在排头也不站在排尾，有多少种排法？

2. 用数字 0,1,2,3,4,5,6,7 可以组成多少个没有重复数字的 4 位偶数？

3. 直线 $Ax + By = 0$ 的系数可以从 0,1,2,3,6,7 这六个数中任取两个不同的数，则可得不同的直线的条数为多少？

第三节　组　合

北京、上海、广州这 3 个民航站之间的直达航线，有多少种不同的飞机票价格？

这个问题与上节飞机票种数的问题不同，飞机票的种数与起点站、终点站有关，从北京起飞到上海降落的飞机票与从上海起飞到北京降落的飞机票是不一样的，也就是与顺序有关，而票价只与距离有关，因此二者的票价是相同的，也就是与顺序无关. 像这样只与所取的元素有关，与排列顺序无关的问题，就是本节要研究的组合问题.

一般地，从 n 个不同的元素中，任取 $m(m\leqslant n)$ 个元素，并成一组，叫做从 n 个元素中抽取 m 个元素的一个组合. 从 n 个元素中抽取 $m(m\leqslant n)$ 个元素的所有组合的个数，叫做从 n 个不同的元素中抽取 m 个元素的组合数. 其结果用符号 C_n^m 来表示. 特别地，规定 $C_n^0=1$

计算公式：$C_n^m=\dfrac{A_n^m}{A_m^m}=\dfrac{n(n-1)(n-2)\cdots(n-m+1)}{m!}$

$$C_n^m=\frac{n!}{(n-m)!\cdot m!}$$

例 1 计算 C_{10}^4 及 C_7^3.

解 $C_{10}^4=\dfrac{10\times9\times8\times7}{4\times3\times2\times1}=210$，$C_7^3=\dfrac{7\times6\times5}{3\times2\times1}=35$.

例 2 平面上有 12 个点，其中任意 3 个点都不在同一直线上，以其中 3 个点为顶点画三角形，一共可以画多少个三角形？

解 三角形的区别只与顶点的选取对象有关，而与顺序无关，属于组合问题.

$$C_{10}^3=\frac{10\times9\times8}{3\times2\times1}=120(\text{个}).$$

从前面的问题可以看出来，排列和组合的根本区别在于排列要考虑取出元素的取出及其摆放顺序，而组合则只考虑元素的取出，不考虑它们的摆放顺序.

例 3 从 1，3，9，27，81 中，任意取两个数相加，可以得多少不同的和？任意两个数相减，可以得到多少个不同的差？

分析 任意取两个数相加的和与加数的顺序无关，因此属于组合问题；而任意取两个数相减的得数与减数的顺序有关，顺序不同，结果就不同，因此属于排列问题.

解 任取两个数相加，不同的和有：$C_5^2=10$(个)；任取两个数相减，不同的差有：$A_5^2=20$(个).

例 4 一个旅游团到酒店住宿，团中共有 4 名男客人，4 名女客人，住宿的标准是双人的标准间，一共有多少种分配方案？

分析 这是一个平均分配问题，遇到这样的问题可以这样考虑. 先分男客人，先确定一个甲客人，再在剩下的 3 个人中挑选一个合住在一起，有 C_3^1 种，剩下的 2 个男客人就住在一个房间了；女客人的分法相同.

解 $C_3^1 \cdot C_3^1 = 3 \times 3 = 9$(种).

例 5 下列问题哪些是排列问题？哪些是组合问题？

(1)某医院有 12 名医生,从中选派 2 名医生给一个学校的学生体检,有多少种派法？

(2)某医院有 12 名医生,从中选派 2 名医生分别到一中、二中为学生做体检,每所学校去一名医生,有多少种派法？

解 (1)选派 2 名医生到同一所学校去,这 2 名医生组成一组,不区分他们的次序,因此这个计数问题是组合问题.

(2)选派 2 名医生,一名去一中,另一名去二中,要区分他们的次序,因此这个计数问题是排列问题.

基础练习

1. 计算：

(1)C_6^2； (2)C_8^3； (3)$C_7^3 - C_6^2$； (4)$C_8^3 + C_4^2$； (5)$3C_8^3 - 2C_5^2$.

2. 图上有 10 个点,以其中 3 个点为顶点,画三角形,最多一共可以画多少个三角形？

3. 画出从六个符号□、○、△、®、@、‰ 中任取 3 个符号的所有组合,并用组合数符号表示其数目.

4. 平面内有 10 个点,其中任何 3 点不共线,以其中任意 5 个点为端点的

(1)线段有多少条？

(2)有向线段有多少条？

提升练习

1. 乒乓球队有 4 名男队员,现在要组成两对男双参加比赛,有多少种配对方法？

2. 现在有 9 本书,平均分成 3 堆,有多少种分法？

3. 有 10 件不同的产品,每次取 1 件,连续取 3 次,求：

(1)每次取出 1 件产品,不再放回,有几种不同的取法？

(2)每次取出 1 件产品,取后放回,有几种不同的取法？

4. 在 3 张卡片的正反两面上,分别写着数字 1 和 2,4 和 5,7 和 8,将它们并排组成三位数,不同的三位数的个数有多少？

第四节 组合的性质

例 1 某小组有 7 个人：

(1)选出 3 人参加植树劳动,有多少种不同的选法？

(2)选出 4 人打扫校园,有多少种不同的选法？

解 (1) $C_7^3=\dfrac{7\times6\times5}{3\times2\times1}=35$(个);

(2) $C_7^4=\dfrac{7\times6\times5\times4}{4\times3\times2\times1}=35$(个).

从上例中可以看出,选出 3 人参加植树劳动与选出 4 人打扫校园都有 35 种不同的选法. 即 $C_7^3=C_7^4$.

性质 1: $C_n^m=C_n^{n-m}$.

例 2 求证: $C_n^m=C_n^{n-m}$.

证明 因为 $C_n^m=\dfrac{n!}{m!\ (n-m)!}$,

$$C_n^{n-m}=\frac{n!}{(n-m)!\ [n-(n-m)]!}=\frac{n!}{m!\ (n-m)!},$$

所以 $$C_n^m=C_n^{n-m}.$$

例 3 计算 C_{200}^{198} 及 C_9^7.

解 由性质 1 可得 $C_{200}^{198}=C_{200}^2=\dfrac{200\times199}{2\times1}=19\ 900$,

$$C_9^7=C_9^2=\frac{9\times8}{2\times1}=36.$$

例 4 **性质 2**: $C_n^m+C_n^{m-1}=C_{n+1}^m$.

证明 因为

$$\begin{aligned}C_n^m+C_n^{m-1}&=\frac{n!}{m!\ (n-m)!}+\frac{n!}{(m-1)!\ [n-(m-1)]!}\\&=\frac{n!\ (n-m+1)+n!\ m}{m!\ (n-m+1)!}\\&=\frac{(n-m+1+m)n!}{m!\ (n+1-m)!}\\&=\frac{(n+1)!}{m!\ [(n+1)-m]!}\\&=C_{n+1}^m.\end{aligned}$$

例 5 计算 $C_{99}^{96}+C_{99}^{97}$.

解 $C_{99}^{96}+C_{99}^{97}=C_{100}^{97}=\dfrac{100\times99\times98}{3\times2\times1}=161\ 700$.

基础练习

1. 按照要求写出下列组合:

(1) 从 5 个元素 a,b,c,d,e 中任取 2 个元素的所有组合;

(2) 从 5 个元素 a,b,c,d,e 中任取 3 个元素的所有组合.

2. 计算：

(1) C_7^3； (2) C_{12}^4； (3) C_{25}^{22}； (4) C_{100}^{98}； (5) $C_6^2+C_6^3$； (6) $C_9^7+C_9^8$.

3. 平面上有 8 个点，设没有 3 个点在一条直线上，过每 2 个点作一条直线，一共可以做几条直线?

4. 从 3，5，7，11 这 4 个质数中任取 2 个相乘，可以得到多少个不相等的积? 任取两个相等的商?

提升练习

1. 从 2，3，5，7，11 这 5 个数中任意取 2 个相加，可以得到多少个不同的和?

2. 一次集会，每一个集会的人都和其他的集会者握一次手，据统计，集会者共握手 378 次，问集会的人数是多少?

3. 正六边形的中心和顶点共 7 个点，以其中的 3 个点为顶点的三角形有多少个?

4. 证明：$C_n^m=\dfrac{m+1}{n+1}C_{n+1}^{m+1}$.

5. 已知：$\dfrac{1}{C_5^m}-\dfrac{1}{C_6^m}=\dfrac{7}{4C_7^m}$，求 m.

6. 求证：(1) $C_2^2+C_3^2+C_4^2+C_5^2+C_6^2+C_7^2=C_8^3$；

(2) $A_m^m+A_{m+1}^m+A_{m+2}^m+\cdots+A_{2m}^m=A_{2m+1}^m$.

第五节 排列、组合的应用

例 1 在产品检验时，常从产品中抽取一部分产品进行检查，现从 100 件产品中，任意抽出 3 件：

(1) 一共有多少种不同的抽法?

(2) 如果 100 件产品中有 2 件次品，抽出的 3 件中恰有 1 件次品的抽法有多少种?

(3) 如果 100 件产品中有 2 件次品，抽出的 3 件中至少有 1 件次品的抽法有多少种?

解 (1) $C_{100}^3=\dfrac{100\times 99\times 98}{3\times 2\times 1}=161\ 700$(种)

(2) 从 98 件合格品中抽出 2 件合格品的抽法有 C_{98}^2 种，从 2 件次品中抽 1 件次品的抽法有 C_2^1 种，因此符合要求的抽法有

$$C_2^1\cdot C_{98}^2=2\times 4\ 753=9\ 506(\text{种})$$

(3) $C_{100}^{3}-C_{98}^{3}=161\ 700-152\ 096=9\ 604$(种)

例 2 一次抛掷 5 枚相同的硬币，问一共可能出现的结果共有多少种?

解 抛掷 5 枚硬币，可以考虑分成 5 步完成，一次抛掷一枚硬币，每次有 2 种可能性，由乘法原理可知，共有

$$2\times2\times2\times2\times2=2^5=32(\text{种}).$$

例 3 6 个人排成一排，其中甲、乙两人必须相邻有多少种排法? 甲、乙两人不相邻呢?

解 对于相邻问题可采用“捆绑法”，即把甲、乙两人当成一个人，6 个人就变成了 5 个人，有 A_5^5 种排法，另外甲、乙两人再排一次，有 A_2^2 种排法，因此共有

$$A_5^5\cdot A_2^2=120\times2=240\ (\text{种}).$$

对于不相邻问题可采用“插空法”，即甲、乙两人先不参加排，先排剩下的 4 个人，有 A_4^4 种排法，排完 4 人后产生了 5 个空，再把甲、乙两人插入其中的两个空内，有 A_5^2 种排法，因此共有

$$A_4^4\cdot A_5^2=24\times20=480(\text{种}).$$

例 4* 用 1 ~ 5 这 5 个自然数可以组成多少个比 20 000 大，且百位不是 3 的没有重复数字的 5 位数?

解法一 用直接法，满足条件的五位数可分为两类：

第一类 万位是 3 的五位数，有 A_4^4 个;

第二类 万位是 2，4，5，且百位不是 3 的五位数，有 $A_3^1A_3^1A_3^3$ 个.

根据加法原理，有 $A_4^4+A_3^1A_3^1A_3^3=78$(个).

解法二 用间接法.

不限定条件的 5 位数有 A_5^5 个，其中比 20 000 小的和 3 在百位的都有 A_4^4 个. 但两者有重叠部分，其个数为 A_3^3，应该在多排除的部分补上.

所以符合条件的有 $A_5^5-2A_4^4+A_3^3=78$(个).

解法三 比 20 000 大的五位数，即 2，3，4，5 在万位的五位数有 $A_4^1A_4^4$ 个，其中 3 在百位的有 $A_3^1A_3^3$ 个.

所以符合条件的有 $A_4^1A_4^4-A_3^1A_3^3=78$(个).

基础练习

1. 有 5 本小说，6 本杂志，从这 11 本书中任意取出 3 本，其中必须包含小说和杂志，求不同的取法种数.

2. 若某班级的 4 个小组从 3 处风景点中选出一处进行观光旅游，试求不同选择方案的种数.

3. 由数字 0，1，2，3，4，5，6，7，8，9，可组成多少个三位数，其中无重复数字的

三位数有多少?

提升练习

1. 由数字 0,1,2,3,4,5 组成无重复数字的四位数中,能被 2 整除的数有多少个?

2. 有 3 名男生,4 名女生,按下述要求分别求出其不同的排列种数:

(1)选出其中 5 人排成一行;

(2)全体排成一行,其中甲只能在中间或在两头的位置;

(3)全体排成一行,其中甲乙必须在两头.

3. 有 6 个座位连成一排,安排 3 个人就座,恰有两个空位相邻的不同坐法共有多少种?

4*. 从 100 件产品中任意抽出 4 件检查,如果这 100 件产品中有 6 件次品,其余是合格品.

(1)抽出的 4 件中恰好有 2 件次品的抽法有多少种?

(2)抽出的 4 件中至少有 1 件次品的抽法有多少种?

第六节* 二项式定理

我们已经知道:

$$(a+b)^2=a^2+2ab+b^2,$$
$$(a+b)^3=a^3+3a^2b+3ab^2+b^3,$$
$$(a+b)^4=a^4+4a^3b+6a^2b^2+4ab^3+b^4.$$

仔细观察上面的式子可以发现:

(1)每个展开式的项数恰好比$(a+b)$的次方数多 1.

(2)从 a 与 b 在各项的次方数来看,a 在每项中的次方数是降幂排列,最高次数等于$(a+b)$的次方数,最低次数等于零;b 的次方数则相反,成升幂排列;a 与 b 在各项中的次方数之和等于$(a+b)$的次方数.

(3)各项的系数也有规律,为了看的更清楚一些,我们把上面的式子做如下变形:

$(a+b)^2$ 展开式的三项系数分别为 1,2,1,它们可以写成

$$C_2^0,C_2^1,C_2^2;$$

$(a+b)^3$ 展开式的四项系数分别为 1,3,3,1,它们可以写成

$$C_3^0,C_3^1,C_3^2,C_3^3;$$

$(a+b)^4$ 展开式的五项系数分别为 1,4,6,4,1,它们可以写成

$$C_4^0,C_4^1,C_4^2,C_4^3,C_4^4.$$

由上面的可以看出,展开式的各系数都可以由组合数 C_n^m 来表示,其规律是 n 等于$(a+b)$的次方数,m 等于展开式中 b 的次方数.

根据以上的分析,我们可以写出$(a+b)^5$ 的展开式

$$(a+b)^5=C_5^0a^5b^0+C_5^1a^4b^1+C_5^2a^3b^2+C_5^3a^2b^3+C_5^4a^1b^4+C_5^5a^0b^5.$$

一般地,有下面的公式:

$$(a+b)^n=C_n^0a^nb^0+C_n^1a^{n-1}b^1+\cdots+C_n^ma^{n-m}b^m+\cdots+C_n^na^0b^n,n\in\mathbf{N}^+.$$

证明 略.

这个公式所表示的规律叫做二项式定理,右边的多项式叫做$(a+b)^n$ 的二项展开式,其中 $C_n^m(m=0,1,2,\cdots,n)$叫做二项式的系数,式子中的 $C_n^ma^{n-m}b^m$ 叫做二项式的通项,用 T_{m+1}来表示. T_{m+1}表示的是二项展开式的第 $m+1$ 项,所以我们将

$$T_{m+1}=C_n^ma^{n-m}b^m$$

叫做二项展开式的**通项公式**.

例 1 求$\left(x+\dfrac{1}{x}\right)^5$ 的二项展开式.

解 $\left(x+\dfrac{1}{x}\right)^5$

$$=x^5\left(\frac{1}{x}\right)^0+C_5^1x^4\left(\frac{1}{x}\right)^1+C_5^2x^3\left(\frac{1}{x}\right)^2+C_5^3x^2\left(\frac{1}{x}\right)^3+C_5^4x^1\left(\frac{1}{x}\right)^4+C_5^5x^0\left(\frac{1}{x}\right)^5$$

$$=x^5+5x^3+10x+10\frac{1}{x}+5\frac{1}{x^3}+\frac{1}{x^5}.$$

例 2 求$\left(\sqrt{x}+\dfrac{1}{\sqrt{x}}\right)^{10}$ 的二项展开式的第 6 项.

解 $T_6=C_{10}^5(\sqrt{x})^5\left(\dfrac{1}{\sqrt{x}}\right)^5=C_{10}^5=252.$

例 3 求$\left(2\sqrt{x}-\dfrac{1}{\sqrt{x}}\right)^6$ 展开式的常数项.

解 展开式的通项是

$$T_{m+1}=C_6^m(2\sqrt{x})^{6-m}\left(-\frac{1}{\sqrt{x}}\right)^m=(-1)^mC_6^m2^{6-m}x^{3-m}.$$

根据题意,有 $$3-m=0,$$

$$m=3.$$

因此，常数项是$(-1)^3C_6^3\cdot 2^3=-160$.

例4 计算$(0.997)^5$的近似值（精确到0.001）.

解 $(0.997)^5=(1-0.003)^5$

$=1-5\times 0.003+10\times 0.003^2-\cdots$

根据题中精确度的要求，从第三项以后的各项都可以删去，所以

$$(0.997)^5\approx 1-5\times 0.003=0.985.$$

例5 求$\left(x-\frac{1}{x}\right)^9$的展开式中$x^3$的系数.

解 展开式的通项是

$$T_{m+1}=C_9^m x^{9-m}\left(-\frac{1}{x}\right)^m=(-1)^m C_9^m x^{9-2m}.$$

根据题意，有 $9-2m=3$,

$m=3$.

因此，x^3的系数是$(-1)^3C_9^3=-84$.

注意 系数与二项式系数是两个不同的概念. 如此题中，该项的二项式系数是C_9^3，而系数则是$(-1)^3C_9^3$，即二项式系数的一般形式仅仅为C_n^m，它永远是一个正整数，而系数则是除了未知数外所有数的乘积，它可能是任何数.

基础练习

1. 求$\left(x+\frac{2}{\sqrt{x}}\right)^{10}$的展开式的中间项.

2. 在$\left(x+\frac{1}{\sqrt{x}}\right)^7$的展开式中$x^4$的系数是多少？

3. 求$\left(2x^3+\frac{1}{2x^2}\right)$的展开式的常数项.

提升练习

1. 求1.998^8的近似值，精确到小数点后3位数.

2. 求$\left(9x-\frac{1}{3\sqrt{x}}\right)^{18}$的展开式的常数项.

3. 求$\left(\sqrt{x}-\frac{3}{\sqrt{x}}\right)^{10}$展开式中含$x^4$的项.

4. 求$\left(x-\frac{1}{x}\right)^8$展开式中的常数项.

第七节* 二项式系数的性质

我们已经知道,$(a+b)^n$ 的展开式的二项式系数是

$$C_n^0, C_n^1, C_n^2, \cdots, C_n^{n-1}, C_n^n.$$

观察可知,二项式系数有下列性质:

(1)二项展开式中,与首末两端“等距离”的两项的项展开式系数相等.

例如,$(a+b)^n$ 的第一项的二项式系数是 C_n^0,倒数第一项的二项式系数是 C_n^n,而 $C_n^0=C_n^n$.

(2)如果二项式的幂指数是偶数,中间一项的二项式系数最大;如果二项式的幂指数是奇数,中间两项的二项式系数相等且最大.

例如,$(a+b)^3$ 的幂指数是奇数,所以它中间 2,3 两项的二项式系数相等且最大;而 $(a+b)^4$ 的幂指数是偶数,所以它的中间项第 3 项的二项式系数最大.

例 1 求 $(1+x)^8$ 的展开式中二项式系数最大的项.

解 已知二项式的幂指数是偶数 8,展开式共有 9 项,依二项式系数的性质,中间一项的二项式系数最大,所以要求的项为

$$T_5=C_8^4x^4=70x^4$$

注 在式子 $(a+b)^n$ 中,当 n 为偶数时,第 $\frac{n+2}{2}$ 项的二项式系数最大;当 n 为奇数时,第 $\frac{n+1}{2}$,$\frac{n+3}{2}$ 两项的二项式系数最大.

例 2 求证:$C_n^0+C_n^1+C_n^2+\cdots+C_n^n=2^n$.

证明 运用公式

$$(a+b)^n=a^nb^0+C_n^1a^{n-1}b^1+\cdots+C_n^ma^{n-m}b^m+\cdots+a^0b^n,$$

令 $a=b=1$,则有

$$2^n=C_n^0+C_n^1+C_n^2+\cdots+C_n^{n-1}+C_n^n.$$

例 3 求证:在 $(a+b)^n$ 的展开式中,奇数项的二项式系数之和等于偶数项的二项式系数之和.

证明 在展开式

$$(a+b)^n=a^nb^0+C_n^1a^{n-1}b^1+\cdots+C_n^ma^{n-m}b^m+\cdots+a^0b^n$$

中，令 $a=1, b=-1$ 得

$$(1-1)^n=C_n^0-C_n^1+C_n^2-\cdots+(-1)^nC_n^n,$$

整理后，得

$$0=(C_n^0+C_n^2+\cdots)-(C_n^1+C_n^3+\cdots).$$

所以

$$C_n^0+C_n^2+\cdots=C_n^1+C_n^3+\cdots$$

命题成立.

注 奇数项的二项式系数之和等于偶数项的二项式系数之和，等于 2^{n-1}.

基础练习

1. 已知 $\left(\sqrt{x}+\dfrac{1}{\sqrt[4]{x}}\right)^n$ 的展开式中各项系数之和为 256，求展开式中二项式系数最大项.

2. 在 $(1+x)^n$ 展开式中，第三项系数与第六项系数相等，求 n 的值.

3. 求 $C_{11}^1+C_{11}^2+C_{11}^3+\cdots+C_{11}^{11}$ 的值.

提升练习

1. $(1-2x)^7=a_0+a_1x+a_2x^2+a_3x^3+\cdots+a_7x^7$，求 $a_1+a_2+a_3+\cdots+a_7$ 的值.

2. 若 $(1+x)^n$ 展开式中 x^3 的系数等于 x 的系数的 7 倍，求 n.

3. 求 $(1+x)^3+(1+x)^4+(1+x)^5+\cdots+(1+x)^{20}$ 展开式中含 x^3 项的系数.

综合训练九

一、填空题

1. 商店里有 18 种上衣，12 种裤子，某人要买一件上衣或一条裤子，共有________种不同的选法，要买上衣、裤子各一件，共有________种不同的选法.

2. 一条铁路线，沿线有 20 个车站，共需设________种车票，设________种价格.

3. 从 7 盆不同的花中选出 5 盆摆放在主席台前，其中有 10 盆不宜放在正中间位置，则一共有________种不同摆放方法.

4. 有 4 辆公交车、4 位司机、4 位售票员，每辆车上配一位司机和一位售票员，有________种不同的搭配方案.

5. 二项式$\left(\sqrt{x}+\dfrac{2}{y}\right)^8$ 的展开式共有________项.

二、选择题

1. 从 5 台联想电脑和 6 台方正电脑中任取 3 台，其中至少有联想与方正电脑各一台，则不同的取法共有(　　).

A. 270　　B. 135　　C. 150　　D. 120

2. 下列各式中与排列数 A_n^m 相等的是(　　).

A. $\dfrac{n!}{(m-n)!}$　　B. $n(n-1)(n-2)\cdots(n-m)$

C. $\dfrac{n}{n-m+1}A_{n-1}^m$　　D. $A_m^1A_{n-1}^{m-1}$

3. 6 名学生演出男生小合唱，其中两名高个子同学要排中间，那么合唱队有(　　)种不同的排法.

A. $A_2^2A_4^4$　　B. $A_2^2A_5^4$　　C. A_4^4　　D. A_6^6

4. $(a+\dfrac{1}{a})^{10}$的展开式中的常数项为(　　).

A. C_{10}^3　　B. C_{10}^4　　C. C_{10}^5　　D. C_{10}^6

5. $(a+b)^{10}$的展开式中,共有(　　)项.

A. 9　　B. 10　　C. 11　　D. 12

三、解答题

1. 计算:

(1) A_{10}^{4}; (2) $5A_{5}^{3}+4A_{4}^{2}$; (3) $\dfrac{A_{7}^{5}-A_{6}^{6}}{7!+6!}$;

(4) C_{15}^{3}; (5) C_{200}^{197}; (6) $C_{6}^{3}\div C_{8}^{4}$.

2. 求证:

(1) $A_{n}^{m}=nA_{n-1}^{m-1}$; (2) $A_{n+1}^{n+1}-A_{n}^{n}=n^{2}A_{n-1}^{n-1}$;

(3) $C_{n+1}^{m}=C_{n}^{m-1}+C_{n-1}^{m}+C_{n-1}^{m-1}$.

3. 6 名同学站成一排,其中某一名不站在排头,也不站在排尾,共有多少种站法?

4. 由数字 1,2,3,4,5,6 可组成多少个没有重复数字的自然数?

5. 由数字 1,2,3,4,5,6 可组成多少个没有重复数字,并且比 500 000 大的自然数?

6. 一个集合内有 7 个元素,这个集合中含有 3 个元素的子集有多少个?

7. (1)平面内有 n 条直线,其中没有两条互相平行,也没有 3 条相交于 1 点,一共有多少个交点?

(2)空间有 n 个平面,其中没有两个互相平行,也没有 3 个相交于 1 条直线,一共有多少条交线?

8. 100 件产品中有 97 件合格品,3 件次品,从中任意抽出 5 件进行检查.

(1)抽出的 5 件都是合格品的抽法有多少种?

(2)抽出的 5 件恰好有 2 件次品的抽法有多少种?

(3)抽出的 5 件至少有 2 件次品的抽法有多少种?

9. 求$(a+\sqrt{b})^{12}$展开式中的第 9 项.

10. 求$\left(9x+\dfrac{1}{3\sqrt{x}}\right)^{18}$展开式的常数项.

11. 求$(1+x-x^{2}-x^{3})^{5}$的展开式中含 x^{3} 项的系数.

12. 3 名女生和 5 名男生排成一排照相,任意 2 个女生相邻有多少种站法?任意 2 个女生不相邻有多少种站法?

13. 求下列各数的近似值(精确到 0.001).

(1) $(1.003)^{5}$; (2) $(0.999\,8)^{8}$.

本章小结

本章的主要内容是：分类计数原理、分步计数原理；排列的概念及排列数的计算公式；组合的概念及组合数的计算公式；二项式定理.

一、两个基本计数原理

1. 分类计数原理（加法原理）

完成一件事有 k 类方式，第一类方式有 n_1 种不同方法，第二类方式有 n_2 种不同方法，…第 k 类方式有 n_k 种不同方法. 任选一种方法，此事即能完成，那么完成这件事共有

$$N=n_1+n_2+\cdots+n_k$$

种不同方法.

2. 分步计数原理（乘法原理）

完成一件事需分成 k 个步骤，进行第一步有 n_1 种方法，进行第二步有 n_2 种方法，…进行第 k 步有 n_k 种方法. 依次完成这 k 个步骤，此事才能完成，那么完成这件事共有

$$N=n_1\times n_2\times\cdots\times n_k$$

种不同方法.

二、排列

从 n 个不同的元素中，任取 $m(m\leqslant n)$ 个不同的元素，按照一定的顺序排成一列，叫做从 n 个不同的元素中取出 m 个元素的一个排列，当 $m<n$ 时，叫做选排列；当 $m=n$ 时，叫做全排列.

排列数 A_n^m 的计算公式：

(1) $\mathrm{A}_n^m=n\cdot(n-1)\cdot(n-2)\cdot\cdots\cdot(n-m+1)$ $(n,m\in\mathbf{N}^+$ 且 $m\leqslant n)$；

(2) $\mathrm{A}!=\mathrm{A}_n^n=n\cdot(n-1)\cdot\cdots\cdot3\cdot2\cdot1$ $(m=n)$；

(3) $\mathrm{A}_n^m=\dfrac{n!}{(n-m)!}$.

其中，$n!$ 等于连续自然数从 1 到 n 的乘积，读作 n 的阶乘，即

$$n!=n\cdot(n-1)\cdot\cdots\cdot3\cdot2\cdot1.$$

规定：$0!=1$.

三、组合

从 n 个不同的元素中，任取 $m(m\leqslant n)$ 个元素，不管顺序如何并成一组，叫做从 n 个不同的元素中取出 m 个不同元素的一个组合.

组合数 C_n^m 的有关计算公式：

(1) $C_n^m=\dfrac{A_n^m}{m!}=\dfrac{n\cdot(n-1)\cdot(n-2)\cdot\cdots\cdot(n-m+1)}{m!}$;

(2) $C_n^m=\dfrac{n!}{m!\ (n-m)!}$;

(3) $C_n^m=C_n^{n-m}$.

规定：$C_n^0=1$.

四、二项式定理

1. 二项式定理是指 $(a+b)^n=C_n^0a^n+C_n^1a^{n-1}b+\cdots+C_n^ma^{n-m}b^m+\cdots+C_n^nb^n$，右边的式子叫做二项展开式. 展开式共有 $n+1$ 项，其中第 $m+1$ 项 $T_{m+1}=C_n^ma^{n-m}b^m$ 叫做二项展开式的通项公式，C_n^m 叫做二项展开式中第 $m+1$ 项的二项式系数.

2. 二项式系数的性质.

(1) 二项式展开式中与首末两项“等距离”的两项的二项式系数相等.

(2) 如果二项式的幂指数是偶数，中间一项的二项式系数最大，如果二项式的幂指数是奇数，中间两项的二项式系数相等且最大.

(3) $C_n^0+C_n^1+C_n^2+\cdots+C_n^{n-1}+C_n^n=2^n$;

(4) $C_n^0+C_n^2+C_n^4+\cdots=C_n^1+C_n^3+C_n^5+\cdots=2^{n-1}$.

第五章

概　率

学习目标

1. 了解随机事件发生的不确定性和频率的稳定性，了解概率的意义及频率与概率的区别.

2. 理解等可能性事件的概率的定义，并能求简单的等可能性事件的概率.

3. 理解两个互斥事件的概率加法公式.

4. 理解相互独立事件同时发生的概率乘法公式.

5. 能综合运用互斥事件的概率加法公式和相互独立事件的概率乘法公式解决实际问题.

数学博客

赌金分配问题

在一场赌博中，某一方先胜 6 局便算赢家，那么，当甲方胜了 4 局，乙方胜了 3 局的情况下，因出现意外，赌局被中断，无法继续，此时，赌金应该如何分配？

1494 年意大利数学家帕西奥尼提出：应当按照4∶3 的比例把赌金分给双方.你认为合理吗？

甲方已胜了 4 局，只要再胜 2 局就可以拿走全部的赌金，而乙方则需要胜 3 局，并且至少有 2 局必须连胜，这样要困难得多.

1654 年法国赌徒默勒向帕斯卡请教“赌金分配问题”，帕斯卡与费马两位数学家分别用了自己的方法给出了赌金分配结果：甲∶乙 =11∶5. 费马的解法是，如果继续赌局，最多只要再赌 4 轮便可决出胜负，如果用“甲”表示甲方胜，用“乙”表示乙方胜，那么最后 4 轮的结果，不外乎有 16 种排列.（请同学们思考 16 种排列方法）

在这 16 种排列中，当甲出现 2 次或 2 次以上时，甲方获胜，这种情况共有 11 种；当乙出现 3 次或 3 次以上时，乙方胜出，这种情况共有 5 种. 因此，赌金应当按 11∶5的比例分配.

第一节 随机事件

在现实生活中,我们会碰到许多事情. 有些事情,例如"太阳从东方升起";"在标准大气压下,水的温度达到 100 ℃时沸腾"等,像这样**在一定的条件下,必然要发生的事件,叫做必然事件**.

有些事情,如"在常温下,铁融化";"在标准大气压下且温度低于 0 ℃,冰融化"等,像这样**在一定的条件下,不可能发生的事件,叫做不可能事件**.

此外,还有些事情,它们在一定的条件下可能发生也可能不发生. 例如,"到火车站买车票,可能买到,也可能买不到";"明天的天气,可能晴天,也可能阴天"等像这样**在一定条件下可能发生也可能不发生的事件,叫做随机事件**,简称**事件**,通常用字母 A,B,C 等表示.

将事件的条件实现一次,称为一次试验. 随机事件在一次试验中可能发生,也可能不发生,具有偶然性. 但在大量重复试验的情况下,它的发生又呈现出一定的规律性. 概率就是用数学方法研究随机事件规律性的学科.

历史上曾经有人做过抛硬币的大量重复试验,结果如下:

抛掷硬币实验结果表

抛掷次数(n)	正面向上次数(m)	频率($\frac{m}{n}$)
2 048	1 016	0.518 1
4 040	2 048	0.506 9
12 000	6 019	0.501 6
24 000	12 012	0.500 5
30 000	14 984	0.499 6
72 088	36 142	0.501 1

从实验的结果来看,当试验的次数很多时,出现正面的频率值是稳定的,接近于常数 0.5.

一般地,大量重复进行同一实验时,事件 A 发生的频率 $\frac{m}{n}$ 总是接近于某个常数,并在其附近摆动,这时就把这个常数叫做事件 A 的概率,记作 $P(A)$.

由于随机事件 A 在 n 次实验中发生了 m 次,即

$$0\leqslant m\leqslant n, 0\leqslant \frac{m}{n}\leqslant 1.$$

于是可得

$$0\leqslant P(A)\leqslant 1.$$

很明显,必然事件的概率是 1,不可能事件的概率是 0.

基础练习

1. 指出下列事件是必然事件,不可能事件还是随机事件:

(1) 当 x 是实数时,$x^2 \geqslant 0$.

(2) 同性电荷,相互排斥.

(3) 手电筒的电池装反了,灯泡发亮.

(4) 某人乘公共汽车,等待 3 分钟.

(5) 从一副扑克牌中任意抽 1 张,得到黑桃 K.

(6) 一个电影院某天的上座率超过 30%.

2. 某地区从某年起的新生儿人数及其中的男婴人数如下表所示:

时间范围	1 年内	2 年内	3 年内	4 年内
新生儿人数	5 544	9 607	13 520	17 190
男婴人数	2 883	4 970	6 994	8 892
男婴出生频率				

第二节 随机事件的概率

从上文,随机事件的概率一般可以通过大量重复试验求得其近似值. 但对于某些随机事件,可以不通过重复试验,只要通过一次试验中对可能发生的结果进行分析,就可以算出它的概率.

例 1 掷一枚硬币,假设硬币的构造是均匀的,并且投掷的结果只可能是"正面向上"或"反面向上",问它们发生的可能性有多大?

分析 由于硬币的构造是均匀的,因而出现"正面向上"与"反面向上"的机会是均等的,又排除了其他可能,所以可以断言,掷一枚硬币,掷得"正面向上"和"反面向上"的可能性都是$\frac{1}{2}$. 这与大量试验所得到的结果是一致的.

例 2 掷一颗骰子,设骰子的构造是均匀的,问投掷的可能结果有哪些? 掷得 6 点的可能性有多大?

分析 掷一颗骰子,只可能出现以下 6 种结果:"掷得 1 点""掷得 2 点""掷得 3 点""掷得 4 点""掷得 5 点""掷得 6 点". 由于骰子的构造是均匀的,因而出现这 6 种结果的机会是均等的,于是我们可以断言:掷一颗骰子,"掷得 6 点"的可能性是$\frac{1}{6}$. 这与大量试验所得到的结果也是一致的.

现在进一步问,事件 A:{骰子落地时向上的点数是奇数}的概率是多少?

由于事件 A 包含 1,3,5 这 3 个结果,所以有 $P(A)=\frac{3}{6}=\frac{1}{2}$.

对上面的例子归纳如下：

一次试验可能发生的每一个结果称为一个基本事件. 设每一个试验中总共有 n 个基本事件，且每个基本事件发生的可能性都相等. 若试验中的某一事件 A 有 m 个($m \leqslant n$)基本事件组成，则事件 A 的概率

$$P(A)=\frac{m}{n}.$$

上面的例子中的试验有一个共同的特征，即试验的结果不能准确预言，但一切出现的结果却是已知的，这样的试验叫**随机试验**. 随机试验中，确定事件 A 的概率时，只需要求出基本事件的总数 n 以及事件 A 所含的基本事件的个数 m.

例 3 从编号分别为 1,2,3,…,10 的大小相同的 10 个球中任取 1 球，求取到的球是偶数编号的概率.

解 从 10 个球中任取 1 个球的基本事件总数，就是从 10 个元素中任取 1 个的组合数，即

$$n=\mathrm{C}_{10}^{1}=10.$$

由于球的大小相同，且抽取是任意的，这些结果出现的可能性都相等. 设事件 $A=\{$取得偶数号数$\}$，则 A 包含的基本事件个数

$$m=\mathrm{C}_{5}^{1}=5,$$

所以

$$P(A)=\frac{5}{10}=0.5.$$

例 4 从 0,1,2,…,9 这 10 个号码中任取 1 个，然后放回，连续 5 次，求下列事件的概率：

$$B_1=\{5\text{ 个号码全不同}\};$$
$$B_2=\{\text{不含 0 与 1}\}.$$

解 设 B_i 所含的基本事件数为 $m_i(i=1,2)$.

首先，求基本事件数 n.

因为是取后放回，所以每次从 10 个号码中任取 1 个的取法是 10 种，连续取 5 次的取法是 $n=10\times10\times10\times10\times10=10^5$ 种.

$B_1=\{5$ 个号码全不同$\}$，因此，B_1 所含的基本事件应是从 10 个号码中取出 5 个不同号码进行排列的排列数，即

$$m_1=\mathrm{A}_{10}^{5}.$$

$B_2=\{$不含 0 与 1$\}$，因此 B_2 所含的基本事件应是从除 0,1 外的 8 个号码中可以重复地选出 5 个不同的号码进行排列的排列数，即

$$m_2=8^5.$$

最后，求事件 B_i 的概率 $P(B_i)$.

$$P(B_1)=\frac{\mathrm{A}_{10}^{5}}{10^5}=0.302\ 4,$$

$$P(B_2)=\frac{8^5}{10^5}\approx0.327\ 7.$$

例 5 在 100 件产品中，有 95 件合格品，5 件次品，从中任取 2 件，计算：

(1) 两件都是合格品的概率(精确到 0.000 1)；

(2) 1 件是合格品，1 件是次品的概率(精确到 0.000 1).

解 从 100 件产品中任取 2 件的基本事件总数是

$$n = C_{100}^{2}.$$

(1) 设 $A=\{$两件都是合格品$\}$，因为在 100 件产品中有 95 件合格品，所以选取 2 件的基本事件数是

$$m_A = C_{95}^{2},$$

因此，有

$$P(A) = \frac{C_{95}^{2}}{C_{100}^{2}} \approx 0.902\ 0.$$

(2) 设 $B=\{$1 件是合格品，1 件是次品$\}$，则 B 包含的基本事件数是

$$m_B = C_{95}^{1}C_{5}^{1},$$

因此，有

$$P(B) = \frac{C_{95}^{1}C_{5}^{1}}{C_{100}^{2}} \approx 0.096\ 0.$$

基础练习

1. 先后抛掷 2 枚均匀硬币：

(1) 一共可能出现多少种结果？

(2) 出现"1 枚正面，1 枚反面"的结果有多少种？

(3) 出现"1 枚正面，1 枚反面"的概率是多少？

2. 在 10 件产品中，有 8 件正品，2 件次品，从中任取 3 件，求下列事件的概率：

(1) 恰有 1 件次品；

(2) 恰有两件次品；

(3) 3 件都是正品；

(4) 至少有 1 件次品.

3. 盒中有红、白、蓝球各 1 个，每次取 1 个，有放回地抽取 3 次，求下列事件的概率：

(1) 都是红球；

(2) 颜色都相同；

(3) 颜色都不同.

提升练习

1. 投掷两颗骰子，投掷所得点数和为偶数的概率为多少？

2. 某人忘记了朋友家的电话号码的最后一位数字，只好任意试按，他一次试按成功的概率是多少？

3. 从一副 52 张的扑克牌中任取 2 张,求下列事件的概率:

(1)取到的 2 张都是黑桃的概率;

(2)取到的 2 张都是 A 的概率;

(3)取到的 2 张一张是红心,一张是梅花的概率;

(4)取到的 2 张是不同花色的概率.

第三节　互斥事件与加法公式

在一个盒子内放有 10 个大小相同的小球,其中有 7 个红球,2 个白球,1 个黄球,从中任取 1 球. 记 $A=\{$取得的一个球是红球$\}$,$B=\{$取得的一个球是白球$\}$, $C=\{$取得的一个球是黄球$\}$,则事件 A,B,C 会同时发生吗?

如果从盒中摸出的 1 个球是红球,即事件 A 发生,那么事件 B 就不发生;如果从盒中摸出的 1 个球是白球,即事件 B 发生,那么事件 A 就不发生;也就是说事件 B 与事件 A 不可能同时发生. 同样,事件 A 与 C,B 与 C 也不可能同时发生.

在一次试验中这种**不可能同时发生的两个事件叫做互斥事件(或互不相容事件)**.

显然,事件 A 与 B,B 与 C,A 与 C 都是互斥事件.

对于上面的事件 A,B,C,其中任何两个都是互斥事件,这时我们说 A,B,C 彼此互斥. 像这样,如果 n 个事件中的任何两个都是互斥事件,那么就说这 n 个事件彼此互斥.

在上述问题中,我们把“从盒中摸出 1 个球,得到的不是红球”记作$\overline{A}$. 由于事件 A 与$\overline{A}$不可能同时发生,它们就是互斥事件. 又由于摸出的 1 个球要么是红球,要么不是红球,事件 A 与$\overline{A}$中必定有一个发生. 像这样,**两个互斥事件中必有一个发生,则这两个事件叫做对立事件. 事件 A 的对立事件通常记作$\overline{A}$.**

如果把“从盒中摸出 1 个球,得到红球或白球”看作一个事件,当摸出的是红球或白球时,这个事件就发生,记作 $A+B$.

因为从盒中摸出 1 个球有 10 种可能的方法,而得到红球或白球的方法有 $7+2$种,所以 $P(A+B)=\dfrac{7+2}{10}$.

另一方面,$P(A)=\dfrac{7}{10}$,$P(B)=\dfrac{2}{10}$.

因此,我们得到 $P(A+B)=P(A)+P(B)$.

一般地,如果事件 A,B 互斥,则

$$P(A+B)=P(A)+P(B).$$

该结论可作如下推广:如果 $n(n\geqslant 2)$ 个事件 $A_1,A_2,\cdots,A_n$ 互斥,则有

$$P(A_1+A_2+\cdots+A_n)=P(A_1)+P(A_2)+\cdots+P(A_n),$$

这一公式称为加法公式.

另外,由于对立事件的意义,$A+\overline{A}$是一个必然事件,它的概率等于 1,又由于 A 与$\overline{A}$互斥,则 $P(A)+P(\overline{A})=1$,因此

$$P(\overline{A})=1-P(A).$$

例 一批产品共有100件，其中90件是合格品，10件是次品，从这批产品中任取3件，求其中有次品的概率(精确到0.001).

解法1 设$A=\{$有次品$\}$，$A_i=\{$有i件次品$\}(i=1,2,3)$. 故有$A=A_1+A_2+A_3$，并且A_1,A_2,A_3两两互斥.

又
$$P(A_1)=\frac{C_{10}^1C_{90}^2}{C_{100}^3}\approx 0.248,$$
$$P(A_2)=\frac{C_{10}^2C_{90}^1}{C_{100}^3}\approx 0.0250,$$
$$P(A_3)=\frac{C_{10}^3}{C_{100}^3}\approx 0.001,$$
则 $P(A)=P(A_1+A_2+A_3)=P(A_1)+P(A_2)+P(A_3)\approx 0.274.$

解法2 事件A的互斥事件$\overline{A}=\{$取出的3件产品全是合格品$\}$，

又因为
$$P(\overline{A})=\frac{C_{90}^3}{C_{100}^3}\approx 0.726,$$
所以
$$P(A)=1-P(\overline{A})\approx 1-0.726=0.274.$$

基础练习

1. 判断下列事件是不是互斥事件，如果是，判断它们是不是对立事件.

从一堆产品(其中正品与次品均多于3个)中任取2件，其中：

(1)恰有1件次品和恰有2件次品；

(2)至少有1件次品和全是次品；

(3)至少有1件正品和至少有1件次品；

(4)至少有1件次品和全是正品.

2. 某个车间有男工8人，女工3人，要选3名代表前往先进单位学习，3人中至少有1个女工的概率是多少?

3. 某人在一次射击中，击中10环、9环、8环的概率分别是0.26，0.30，0.20，试求此人在一次射击中：

(1)击中8环及8环以上的概率；

(2)不足8环的概率.

提升练习

1. 从5男3女8名青年志愿者中任选3人去西部支援教育，求其中至少有1名女青年的概率.

2. 在5 000张有奖储蓄的奖券中，设有1个一等奖，5个二等奖，10个三等奖，某人购买了1张，则他中奖的概率是多少?

第四节 相互独立事件与乘法公式

甲盒中有5个白球、2个黑球；乙盒中有3个白球、3个黑球. 从这两个盒子里分别摸出1个球，它们都是白球的概率是多少？

规定：$A=\{$从甲盒中摸出1个球是白球$\}$，$B=\{$从乙盒中摸出1个球是白球$\}$. 很容易算出，A 的概率为 $\frac{5}{7}$ 和 B 的概率为 $\frac{1}{2}$.

很明显，**事件 A 是否发生，不会影响事件 B 发生的概率；同样，事件 B 是否发生，不会影响事件 A 发生的概率. 这样的两个事件叫做相互独立事件.**

如果 A 与 B 为相互独立事件，那么事件 A 与 $\overline{B}$，$\overline{A}$ 与 B，$\overline{B}$ 与 $\overline{A}$ 都是相互独立事件.

特别规定：如果事件 A，B 同时发生，记作 AB.

从甲盒中摸出1个球，有7种等可能的结果；从乙盒中摸出1个球则有6种等可能的结果. 所以从两个盒子中各自摸出1个球，共有 7×6 种等可能的结果，其中摸出白球的结果有 5×3 种. 所以

$$P(AB)=\frac{5\times3}{7\times6}=\frac{5}{7}\times\frac{3}{6},$$

而

$$P(A)=\frac{5}{7},P(B)=\frac{3}{6}.$$

由此，可以得到乘法公式：

若事件 A、B 相互独立

则有

$$P(AB)=P(A)P(B).$$

此公式可以推广到两个以上的独立事件.

例 甲、乙两个人同时做某项实验，甲成功的概率为0.7，乙成功的概率为0.8，试问甲、乙二人都成功的概率.

解 设 $A=\{$甲实验成功$\}$，$B=\{$乙实验成功$\}$，而事件 A 与 B 相互独立，所以

$$P(AB)=P(A)P(B)=0.7\times0.8=0.56.$$

基础练习

1. 试说明互斥事件与相互独立事件的异同点.

2. 一个盒子中有1元的纸币7张，2元的纸币5张，从中任取3次，每次取1张，取后放回，求取出3张1元纸币的概率.

3. 甲、乙两人同时向一个目标射击，甲打中的概率为0.8，乙打中的概率为0.7，则

(1) 甲、乙两人都打中的概率；

(2) 甲、乙两人都打不中的概率；

(3) 两个人中至少有一个人打中的概率.

综合训练十

一、填空题

1. 袋中有 5 个黑球、3 个白球、2 个红球共 10 个球，从中任取 1 球，取得白球的概率是________，取不到白球的概率是________.

2. 已知 5 名学生中有 3 名男生 2 名女生，现从中任选 2 名学生参加会议，其中恰好有 1 名女生的概率是________.

3. 事件 A、B 互斥，$P(A)=0.4$，$P(B)=0.3$，则 $P(A+B)=$________.

4. 已知事件 A 与 B 相互独立，$P(A)=0.4$，$P(B)=0.3$，则 $P(AB)=$________.

5. 在每次试验中，$P(A)=0.2$，现做 3 次独立重复试验，事件 A 恰好发生 2 次的概率为________.

二、选择题

1. 用 1，2，3，4 这四个数字组成一个没有重复数字的三位数，这个三位数比 342 大的概率是(　　).

A. $\frac{1}{5}$　　B. $\frac{1}{4}$　　C. $\frac{1}{3}$　　D. $\frac{1}{2}$

2. 某人向靶射击 1 次，命中 1 环的概率为 0.1，命中 2 环的概率为 0.2，命中 1 环或 2 环的概率为(　　).

A. 0.1　　B. 0.2　　C. 0.3　　D. 0.4

3. 从甲盒中取出一根白色粉笔的概率是$\frac{1}{3}$，从乙盒中取出一根白色粉笔的概率是$\frac{1}{4}$，现从两盒中分别取出一根粉笔，那么$\frac{1}{12}$是(　　).

A. 两根都是白色粉笔的概率　　B. 两根都不是白色粉笔的概率

C. 两根不都是白色粉笔的概率　　D. 两根中恰有一根是白色粉笔的概率

4. 在一次口试中，要从 7 道题中选出 4 道进行解答，答对了其中 3 道题就获得及格，一个考生解答 7 道题中的 5 道题，那么该考生及格的概率为(　　).

A. $\frac{4}{7}$　　B. $\frac{5}{7}$　　C. $\frac{6}{7}$　　D. 1

5. 同一天内,甲地下雨的概率是 0. 15,乙地下雨的概率是 0. 12,假定在这天两地是否下雨相互之间没有影响,那么甲、乙两地都不下雨时概率是(　　).

A. 0. 102　　B. 0. 132　　C. 0. 748　　D. 0. 982

三、计算

1. 把 5 本不同的书任意排列到书架的同一层上,求其中指定的 3 本书放在中间的概率.

2. 用数字 1,2,3,5,8 任意组成没有重复数字的 5 位数,计算:

(1)它是奇数的概率;

(2)它小于 23 000 的概率.

3. 有 5 根细木棍,它们的长度分别为 1,3,5,7,9 cm,从中任取 3 根,它们能搭成一个三角形的概率是多少?

4. 同时抛掷两颗骰子,计算:

(1)朝上一面的数相同的概率;

(2)朝上一面的数之积为偶数的概率.

5. 甲、乙二人进行射击活动,甲击中目标的概率是 0. 5,乙击中目标的概率是 0. 4,两个人各射击一次,求:

(1)目标一定被击中的概率;

(2)两个人都击中目标的概率;

(3)恰有 1 人击中目标的概率.

6. 在一段线路中,有 3 个自动控制的常开开关,只要其中有一个开关能够闭合,线路就能正常工作. 假定某段时间内每个开关能够闭合的概率都是 0. 7,计算在这段时间内线路正常工作的概率.

7. 在 20 件产品中,有 15 件一级品,5 件二级品,从中任意抽出 3 件,求其中至少有 1 件二级品的概率.

8. 一个工人负责看管 4 台机床,如果在 1 小时内这些机床不需要人照顾的概率,第一台是 0. 79,第二台是 0. 79,第三台是 0. 8,第四台是 0. 81. 假设各机床相互没有影响,计算在这个小时内,这 4 台机床都不需要人照顾的概率.

9. 一次测量中出现正误差和负误差的概率都是 0. 5,在 3 次测量中,恰好出现 2 次正误差的概率是多少?

10. 某一批蚕豆籽,如果每一粒发芽的概率为 0. 9,播下 5 粒种子,计算:

(1)其中恰有 4 粒发芽的概率;

(2)其中恰有 2 粒未发芽的概率.

本章小结

一、古典概型

1. 随机现象与随机事件：在大量重复试验或观测下，可能出现多种结果的现象，称为随机现象. 做一件事情或观察一件事情，叫做是一个试验. 在试验中，可能出现也可能不出现的事情称为随机事件，简称为事件. 在试验中出现的每一个可能的结果称为一个基本事件.

2. 事件的概率：在一个随机试验中，如果随着试验次数 n 的增大，事件 A 出现（m 次）的频率 $\frac{m}{n}$ 在某一个常数 p 附近波动，那么我们就说事件 A 的概率为 p，记作 $P(A)$.

必然事件的概率是1；不可能事件的概率是0；任何一个随机事件的概率介于0和1之间，即 $0 \leqslant P(A) \leqslant 1$.

3. 古典概型：如果在一次试验中，所有基本事件的个数是 n，而且所有基本事件出现的可能性都相等，事件 A 包含的基本事件的个数是 m，则事件 A 的概率为

$$P(A)=\frac{A\text{ 中所含的基本事件个数}}{\text{基本事件总数}}=\frac{m}{n},$$

满足上述条件的概率模型叫做古典概型.

二、互斥事件与加法公式

1. 互斥事件：若事件 A 与事件 B 不可能同时发生，我们就说事件 A 与事件 B 互斥，也称它们互不相容. 如果事件 $A_1, A_2, \cdots, A_n$ 中的任何两个都是互斥事件，那么就说事件 $A_1, A_2, \cdots, A_n$ 彼此互斥.

2. 对立事件：若在随机试验中，事件 A 与事件 B 必有一个且仅有一个事件发生，我们就说事件 B 与事件 A 相互对立，称 B 是 A 的对立事件，记作 $B=\overline{A}$.

3. 加法公式：如果事件 A, B 互斥，那么事件 $A+B$ 发生（即 A, B 中至少有一个发生）的概率，等于事件 A, B 分别发生的概率的和，即

$$P(A+B)=P(A)+P(B).$$

上式称为互斥事件概率的加法公式.

特别地，当 $B=\overline{A}$ 时得到对立事件的概率公式

$$P(\overline{A})=1-P(A).$$

三、独立事件与乘法公式

1. 独立事件：如果事件 A 是否发生对事件 B 发生的概率没有影响，则称事件 A 与事件 B 叫做相互独立事件.

如果事件 A 与事件 B 相互独立，则 A 与 $\overline{B}$，$\overline{A}$ 与 B，$\overline{A}$ 与 $\overline{B}$ 中的每一对事件都相互独立.

2. 乘法公式：事件 A，B 同时发生的事件叫做事件 A，B 的积事件（或乘积），记作 $A\cdot B$，简记 AB.

两个相互独立事件同时发生的概率，等于每个事件发生的概率的乘积，即

$$P(A\cdot B)=P(A)\cdot P(B).$$

推广：如果事件 $A_1,A_2,\cdots,A_n$ 相互独立，那么这 n 个事件同时发生的概率，等于每个事件发生的概率的积，即

$$P(A_1\cdot A_2\cdot\cdots\cdot A_n)=P(A_1)\cdot P(A_2)\cdot\cdots\cdot P(A_n).$$

参考文献

[1]丘维声. 数学(基础版)[M]. 北京:高等教育出版社,2006.
[2]人民教育出版社职业教育中心. 数学(基础版)[M]. 北京:人民教育出版社,2002.